文章は
つかみで
9割決まる

杉山直隆
Sugiyama Naotaka

日本実業出版社

はじめに

ライターになってから25年以上、
毎日さまざまな文章に携わってきました。
そのなかで痛感しているのが、
「つかみ」で興味を惹くことができないと、
その先の文章を読んでもらえない、ということです。

はじめまして、ライターの杉山直隆《なおたか》と申します。

私は大学時代に編集プロダクションで働きはじめてから、かれこれ25年以上、書籍やWebメディア、雑誌など、さまざまなメディアで文章を書いてきました。

ジャンルも、ビジネス・経済を中心に、スポーツ、教育、グルメ、旅行など、幅広く手がけてきました。

正確に数えたことはありませんが、執筆した記事の数は、少なくとも5000件は超えているのではないかと思います。

それだけの数の案件を担当してきたものの、書けば書くほど感じるのは、人の心をつかむ文章を書くことの難しさです。

なかでも、書くのに苦労してきたところであり、自分が書いた文章に手ごたえを感じるきっかけにもなったのが「つかみ」です。

「つかみ」とはさまざまなとらえ方がありますが、
本書で指しているのは**「文章の書き出し」**のこと。
冒頭の1行目から10行目ぐらい、文章量で言えば、
最初から200字、300字くらいに相当する部分です。

インターネットを使って誰でも情報発信できるようになったことで、世の中には読むものがあふれかえっています。

そのなかから、どの文章を読むかを決める重要な部分の一つが、「つかみ」です。「つかみ」がつまらない文章をガマンして読んでくれる人はそういません。

何時間も何日もかけて苦労して書いた文章を、「つかみ」だけで判断されて読んでもらえないのは悲しいことです。そこで私はライターとして駆け出しの頃から、なんとか読んでもらえるよう「つかみ」の書き方を試行錯誤してきました。

しかし、読み手の興味を惹くような「つかみ」はなかなか思いつきません。

編集プロダクションの社長や先輩に、毎日、元の原稿が見えなくなるほど赤字を入れられるなか、「つかみ」について指摘されることもしょっちゅうでした。

出版社の編集者の方にも、よく「つかみ」の指導を受けていました。今でも鮮明に覚えているのは、ある雑誌の連載記事を任せてもらえることになったときのことです。はりきって原稿を提出したのですが、「つかみ」があまりにも面白くないと指摘され、「こういうふうに書いて」と編集者の方からまったく違う文章が送られてきました。

「俺って才能がないんだなぁ……」と、天狗になるほど高くなっていない鼻をへし折られ、内心がっくりしたことは一度や二度ではありません。

一時は、「つかみ」を書くことに対して強烈な苦手意識を持っていました。

ただ、さまざまな人から指導を受けながら、「つかみ」を書きまくるなかでわかってきたことがあります。

それは、面白い「つかみ」が書けない原因は才能ではない、ということです。いや、正確に言えば才能の問題もあるとは思うのですが、それ以前に、才能がなくてもできることをおろそかにしていたことに最大の原因があると気づいたのです。

（くわしくは後述しますが）私は次のような**「つかめないつかみ」症候群**に陥っていました。

1▼「わかりやすいけど、無難すぎる『つかみ』」症候群
2▼「手あかのついた『つかみ』に頼っている」症候群
3▼「読み手の興味とズレたネタを選ぶ」症候群
4▼「『つかみ』が冗長で、ダラダラしている」症候群
5▼「本題と『つかみ』がかみ合っていない」症候群

こんなことを繰り返していたのですが、これらの症候群に陥った原因は、才能がない以前に、やるべきことをやっていなかったからだと気づいたのです。

そこで、才能がなくてもできることをピックアップし、ひとまずそれだけはやろう！と心がけた結果、自分でも「キャッチーな『つかみ』が書けたのでは」と手ごたえを感じることが増えてきました。編集者の方からも「『つかみ』がよく書けている」と言われることが増えました。

今でも文章を書くたびに、「どうすれば読み手の心をつかめるのか……」と悩むのは変わりませんが、以前のような苦手意識はすっかり薄れています。

それどころか、「今回はどんな『つかみ』にしようかな」と考える楽しみを見出せているほどです。「つかみ」を考えるのに悪戦苦闘していた当時の自分と比べると、なかなか進歩したものだなあと感じています。


ライターの仕事をしていなくても、かつての私のように、「つかみ」で苦労している人は多いのではないかと思います。

パッと思いつくだけでも、次のような人たちは「つかみ」を考える必要があるはずです。

- 趣味や仕事でブログやｎｏｔｅを書いている人
- ＳＮＳで長めの文章を発信することのある人
- プレスリリースやメールマガジンなど、人の目を惹く文章を書く人
- 社内報などの文章を書く人
- 生徒や保護者への文章を書く教員
- 就職活動で採用担当者の心に残るエントリーシートや小論文を書く必要のある人

そんな「読ませる文章」を書く機会がある人たちのために、
本書では、文章が苦手な人でも読み手の心を惹きつける
「つかみ」が書けるようになるノウハウをまとめました。

「つかみ」を書くときのポイントがわかると、

「こんな『つかみ』にしたらどうだろう」

というアイデアも湧いてくるようになります。

「つかみ」はもちろん、文章を書くこと自体も楽しくなるはずです。

文章は「つかみ」で9割決まる　目次

第1章

文章は書き出しがつまらなかったら、その先を読んでもらえない

第2章 「つかめるつかみ」と「つかめないつかみ」は何が違う？

第3章

「つかみ」はネタの料理しだいでうまくなる

第4章

「つかみ」を書くための5つのステップ

～プロットをつくる過程で「つかみ」は生まれる～

ブックデザイン　喜來詩織（エントツ）
DTP　一企画

第1章

文章は書き出しがつまらなかったら、その先を読んでもらえない

書き出しがつまらなかったら、読んでもらえないよ

「書き出しがつまらなかったら、読んでもらえないよ」

私が「つかみ」を強く意識するようになったきっかけは、ライターとしての基礎を叩き込んでくれた文章の師匠に言われた、このひと言でした。

「はじめに」でも少し述べましたが、私は大学在学中から、師匠が社長をしている編集プロダクションでアルバイトをしていました。最初は雑用係でしたが、人手が足りていなかったので、「君、ちょっと、記事書いてみる?」と声がかかったのです。

はじめて任されたインタビューの原稿は、小さな異業種交流会の小冊子に載せる記事でした。どうやって書けばいいのかまったくわかりませんでしたが、何本か記事を書くうちに、「おっ、うまくまとめられたのでは!?」と思える原稿も出てきました。そんな原稿を意気揚々《いきようよう》と師匠に見てもらったら……、冒頭のひと言を言われたのです。

聞けば、師匠自身も、あるベストセラー作家の方に「書き出しがつまらなかったら、読んでもらえない」と言われたそうで、それ以来、強く意識しているとのことでした。

正直、最初はその言葉に対して、「ええー、読まないのはさすがにオーバーでは？ 書き出しでつかめなくても、全部読んでもらえば、面白いとわかってもらえるでしょう」と思っていました。

しかし、ライターの仕事をするなかで、「つかみ」の重要性を日に日に感じるようになったのは、「はじめに」で述べた通りです。

さまざまなメディアで仕事をするなかで、「つかみ」について指摘されたことは少なくありませんでした。

「どこかで見たことがあるような書き出しで、興味を惹かれない」「説明くさくて読む気がしない」などなど。そんな文章を読んでくれるほど読者はヒマではないというわけです。

つかみは「文章完読トーナメント」の1回戦

文章術を指南する本でも、多くの著者が「つかみ」の重要性を述べています。

たとえば、次のように断言するのは、ベストセラー『思考の整理学』（筑摩書房）でも知られる外山滋比古《とやましげひこ》氏。

> へたな書き出しで始めれば、読まずに放り出される。
>
> 『文章を書くこころ　思いを上手に伝えるために』外山滋比古／ＰＨＰ研究所

ベストセラー『嫌われる勇気』（ダイヤモンド社）の共著者であるライターの古賀史健《ふみたけ》氏もこう述べています。

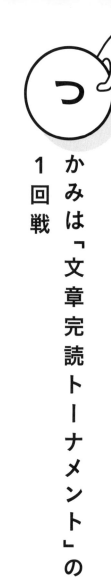

最初の数行を読んでつまらないと思ったら、もう読んでもらえない。

小論文や課題作文であれば読者（教師や評者）にも読み通す責任があるが、一般的な日常文にはそれがない。読者はいつも「読まない」という最強のカードを手に、文章と対峙しているのである。

『20歳の自分に受けさせたい文章講義』古賀史健／講談社

数々のノンフィクション賞を受賞しているノンフィクションライターの野村進氏も、著書のなかで次のように主張しています。

書き出しの大切さは、いくら強調してもしすぎではない。（中略）書き出しには、その文章を書く力の七〜八割を注ぐべきだとすら、私は思う。

『調べる技術・書く技術』野村進／講談社

いわば、「つかみ」は「文章完読トーナメント」の1回戦。1回戦を勝ち抜かなければ、

2回戦に進めず、「文章完読トーナメント」は勝ち抜けません。

いくら書いたコンテンツの中身がよくても、読んでもらえなければ、存在しないのと同じ――。

「文章完読トーナメント」において、「つかみ」という1回戦は、極めて大きなウエイトを占めるのです。

近年、とくに「読み手に興味を持ってもらえるような『つかみ』を書く」ことの重要性は増しています。『文章は「つかみ」で9割決まる』というこの本のタイトルは、まったく言いすぎではないでしょう。

なぜ、「つかみ」がそこまで重要なのか。それは、「以前と比べて、読み手に時間の余裕がなくなっているから」です。

読み手は想像以上に時間の余裕がない

読み手に時間の余裕がなくなっている。このことは、読み手の立場になって考えると、想像しやすいと思います。

まずは、ネット上で発信されているコンテンツについて考えてみましょう。

「ネットで見つけた、見ず知らずの人が書いたＷｅｂメディアやブログの記事を、毎日どれくらい読んでいますか？」

そう聞かれて、「たくさん読んでいる」と答える人は非常に少ないのではないでしょうか。

それは読者のみなさんに限った話ではありません。見ず知らずの人が書いたテキストコンテンツを読んでいる余裕がある人は少数です。

その理由は、世の中にチェックしておきたいコンテンツが多すぎるからです。

インターネットが普及したことで、世の中のコンテンツの量は爆発的に増えました。TwitterやFacebookなどのＳＮＳにアクセスすれば、さまざまなｗｅｂメディアのリンクや広告が目に入ってきます。テキストコンテンツだけで言っても、報道系サイトのニュース記事やＷｅｂメディアのエンタメ記事、個人が書いたブログやｎｏｔｅの記事など、キリがありません。

これらのコンテンツのうち、どれを読むか？　多くの人が優先するのは、次の２つではないでしょうか。

- 好きなコンテンツ
- 世の中で話題になっているコンテンツ

一方、読み手の時間は増えているかというと、以前より大幅に増えたわけではありません。スマホやタブレットなどを使って外出先でさまざまなものが見られるとは言え、コンテンツを観たり読んだりする時間はせいぜい「通勤・通学時間」「休み時間」「帰宅後の自由時間」ぐらいでしょう。

「好きなコンテンツ」や「世の中で話題になっている押さえておくべきコンテンツ」がたくさんあるなかで、持ち時間は変わっていない。

その結果、たとえば増えているのが「動画を倍速で観る」人です。クロス・マーケティングの２０２１年の調べによると、20～69歳の男女でドラマやYou Tubeの企画動画などを倍速で視聴した経験がある人は34・４％もいるそうです。20代男性だけに限ると54・5％にも達しています。２０２２年に発刊され話題を呼んだ新書『映画を早送りで観る人たち』（光文社）では、倍速視聴する人の心理が分析されています。

また、マンガやアニメ、ドラマなどのあらすじをネタバレサイトで把握している人も多くいます。みなさんのなかにも利用している人がいるのではないでしょうか。

つまり、**じっくりとコンテンツを観たり読んだりする時間の余裕は想像以上にない**というわけです。

それでも、少しはコンテンツを観たり読んだりすることはあるはずです。たまたま見かけた記事に触れることはあるでしょう。

そのとき、文章で読むかどうかの大きな判断材料になるのが「つかみ」です。

時間が限られているなかで、パッと見て「これは面白そうだ」と思わせる。そんな「つかみ」のある文章なら、読んでもらえる可能性が出てきます。

「読ませる文章の世界」はプロもアマもなくライバルがひしめいている状況です。

そこで、プロの書き手も、人気ブロガーも、あの手この手で「つかみ」を考えて、コンテンツを発信しています。

あなたが発信しているコンテンツも、「つかみ」の工夫によって、あまたあるコンテンツの大激戦を勝ち抜かなければ、なかなか読んでもらえないというわけです。

ベストセラーは「つかみ」も面白い!?

限られた時間を割いてまで読みたいと思ってもらうには、「つかみ」が重要――。

そのことは、最近のベストセラーの本を見てもよくわかります。売れている本の多くは、まず「つかみ」で興味を惹かれるからです。

たとえば、１００万部を突破したベストセラー『人は話し方が9割』の「つかみ」は、次のようなものです。

> もっと話し方がうまければ人生うまくいくのに……。
> そう思ったことはありませんか。
> この本を手にしてくださったということは、あなたもそんな風に思っている1人な

のではないでしょうか？

実は、多くの人が話し方にコンプレックスを抱えています。悩んでいるのはあなた1人ではありません。

そこで、いきなりですが、まず結論から申し上げます。

会話がうまくなる方法、それは「苦手な人との会話を避け、大好きな人と話す時間を増やす」。これだけです。

本書でお伝えすることを身につけていただければ、あなたは必ず話し方がうまくなります。

それだけであなたが今まで悩んできた人間関係の悩みが、

「あれは一体何だったんだろう？」

と首をかしげたくなるくらいなくなっていきます。

『人は話し方が9割』永松茂久／すばる舎

うまく話せなかったことで、仕事や恋愛、友人関係が思うようにいかなかった……という人に、語りかけるような「つかみ」です。そんな経験をしている読み手の興味を惹く

「つかみ」でしょう。

また、会話がうまくなる方法の結論をすぐに述べていますが、その結論は、よくある話し方のテクニックではありません。「苦手な人との会話を避け、大好きな人と話す時間を増やす」という意外な内容です。「つかみ」に意外な内容があるため、気になって先を読みたくなります。


また、世界40か国以上で出版され、シリーズ累計1400万部以上の大ヒットとなった近藤麻理恵さんの『人生がときめく片づけの魔法』の「つかみ」をご覧ください。


この本は、「一度片づけたら、絶対に元に戻らない方法」を書いた本です。

そんなことはありえない。

そう思うのも無理はありません。

なぜなら、片づけたいと思っている人のほぼ全員が、一生懸命片づけても、しばらくすると結局は散らかってしまう、いわゆる「リバウンド」に悩まされているからです。
そんなあなたにお伝えしたいことがあります。
まずは、「捨てる」を終わらせてください。そして、一気に、短期に、完璧に片づけてください。これを正しい手順で行うのです。そうすると、絶対に元の散らかった状態に戻ることはありません。

『人生がときめく片づけの魔法　改訂版』近藤麻理恵／河出書房新社

「一度片づけたら、絶対に戻らない」という、片づけが苦手な人にはムリそうに思えることを「できる」と言い切っている。その強いメッセージに、片づけが苦手な人でなくても続きを読みたくなります。さらに、「まずは、『捨てる』を終わらせてください。そして～」と方法を惜しみなく示していることで、先を読みたくなる「つかみ」になっています。

ベストセラー『80歳の壁』の「つかみ」もインパクトがあります。

男性は9年間、女性は12年間――。この年数が何を示すかわかりますか？

じつはこれ、病気や認知症などで寝たきりになったり、誰かに介助されたりしながら生きる平均期間を表したものです。もちろん、自ら好んで寝たきりになるわけではありません。誰だって、人生の最後まで好きなことをして、好きなものを食べて、自由に、自立した生活をしたいと願っています。

しかし、そうはいかない。これが「世界一長生き」と言われる日本の現実です。

『80歳の壁』和田秀樹／幻冬舎

この先、9年〜12年も不自由な生活が待ち受けているのか……。そんな危機感を抱いてしまう「つかみ」です。具体的な数字があるとインパクトがありますよね。そうならないためにはどうすればいいのか。この本で示されているであろう処方箋が気になり、続きが読みたくなってきます。

小説も見てみましょう。2022年に最も売れた小説（日本出版販売調べ）である『同志少女よ、敵を撃て』の「つかみ」は次のようなものです。

一九四〇年五月

薪割りの音が、春の訪れを告げる暁鐘のように、小さな村に響きわたる。

お隣のアントーノフおじさんは風邪が治ったんだ、と十六歳の少女セラフィマは安心した。肩まで伸びた髪をお下げに結わえると、壁に掛けてあったライフル銃を手に取った。

「行ってくるね」

卓上の写真に言葉をかける。写っているのは、椅子に座る痩身の母と、その傍らに立ち、めいっぱい厳めしい表情を作る父――自分のいない家族写真。

家を出ると、写真の姿とは違い、がっしりとした体に簡素な外套をまとう母、エカチェリーナが待っていた。

「行くわよ」

「うん!」

『同志少女よ、敵を撃て』逢坂冬馬/早川書房

16歳のお下げ髪の少女とライフル銃という組み合わせが意外で、「これからどんな物語がはじまるのだろうか？」と続きが気になります。この本が売れている要因は直木賞の候補作になったり、アガサ・クリスティー大賞や本屋大賞を受賞したりしたことがありますが、審査員の心をつかんだのは「つかみ」の力もあったことでしょう。

ちなみに、紹介した4冊はすべてAmazonで試し読みができます。ネット上で「つかみ」の部分は読めるので、ここで判断して購入を決めた人も多いのではないかと思います。

「つかみ」ひとつで、あなたのキャリアが変わる？

文章の「つかみ」が重要なのは、ビジネスの場でも言えるでしょう。

ビジネスの場では、よく「回りくどい言い方をしないで、結論を最初に述べること」が大切と言われます。これもまた「つかみ」の1つのかたちです。報告書の類は、結論を最初に述べる書き方が正解でしょう。

一方、企画書やプレスリリース、ホームページの商品の紹介文、メールマガジンなどでは、「面白そうだ」「役に立ちそうだ」と興味を惹くようなタイプの「つかみ」が求められます。

また、社会人への登竜門である就職活動でも、文章の「つかみ」は非常に重要です。

新卒採用のとき、大手企業には数千通のエントリーシート（ES）が届きます。仮に5000通の場合、人事担当者が5人で手分けをしたとしても、1人あたり1000通。人事担当者はほかの仕事もしていますし、何日もかけている余裕はありませんから、1日あたり何百通ものペースで読むこともありえます。

それだけの量のESを、すべてじっくり読むのは至難の技です。しっかり読んでもらうためには、「自己PR」や「学生のときに力を入れたこと」を書くときに、興味を惹くような「つかみ」にすることが重要です。

たとえば、自己PRが次のように書かれていたら、どうでしょうか。

私は大学1年生からホテルでアルバイトをはじめました。仕事内容はフロントスタッフでしたが、あるとき、「自社のホームページから宿泊の予約がしづらい」という声をお客様からうかがいました。ホームページを見たところ、たしかに不親切だと感じました。

そこで、単に社長に報告するだけでなく、お客様目線で、アクセスしやすいサイト導線や宿泊プランの設定を考えて提案しました。その提案が受け入れられ、ホームページが改善された結果、宿泊の予約が1か月あたり30％増えました。このように、主体的に物事に取り組むことが、私の強みです。

内容自体は悪くはないとも思えますが、「つかみ」としてはどうでしょうか？　興味を惹く「つかみ」とは言えないと思います。自己ＰＲのポイントが最後までわからず、「結論を早く言ってほしい」と感じてしまいますから、人事担当者の印象には残りにくいでしょう。それに対し、次をご覧ください。

私の強みは「どんなことでも、ひと工夫を加える姿勢を持っていること」です。私は大学1年のときから3年間、ホテルでフロントスタッフのアルバイトをしていました。あるとき、お客様から「自社のホームページから宿泊の予約がしづらい」という声をいただきました。報告するだけでもよかったのですが、ひと工夫を加えようと思い、お客様目線で、アクセスしやすいサイト導線や宿泊プランの設定を考えて、社長に提案しました。その提案が採用され、ホームページが改善された結果、宿泊の予約が1か月あたり30％増えました。

「どんなことでも、ひと工夫を加える」という自己PRのポイントが「つかみ」でくることで、その人の特徴がすんなり頭に入りやすくなっています。

内容はほとんど同じですが、「つかみ」でこれだけ変わるわけです。それこそ、このひと工夫で、キャリアを大きく左右するかもしれないのです。

企業によっては作文や小論文の提出を求めるところがあります。作文や小論文は、ESよりも読ませる文章が必要になってきます。そうなると、ますます「つかみ」は重要になってくるでしょう。

「つかみ」で人生も変わる

Ｗｅｂの世界は、誰でも気軽に発信できる平等な世界が広がっています。魅力的な「つかみ」を書ければ、プロのライターや人気ブロガーでなくても、発信したコンテンツを多くの人に読んでもらえる可能性は上がります。

バズるまではいかなくても、何百人、何千人の人に読んでもらえることは十分にありえます。

多くの人に読んでもらえれば、あなたのコンテンツのファンになる人も出てくるでしょう。実際、最近はブログやｎｏｔｅをきっかけに、有名になった人が何人もいます。

作家の岸田奈美さんは、その1人です。岸田さんのエッセイを読んだことがある人は少なくないでしょう。

岸田さんが世に出るきっかけになったのは、個人で書いていたｎｏｔｅのエッセイ記事です。それが反響を呼び、人気を集めるようになりました。岸田さんは企業の広報として働いていましたが、作家・エッセイストとして2019年に独立。複数のエッセイ本を出版し、テレビのコメンテーターとしても活躍しています。エッセイ『家族だから愛したんじゃなくて、愛したのが家族だった』（小学館）はNHKでドラマ化もされています。

そんな岸田さんの文章を読むと、「つかみ」から心を惹かれます。たとえば、noteの「優しい人が好きだけど、人に優しくされるのがおそろしい」というエッセイは、次の「つかみ」からはじまります。

わたしには、友だちがいなかった。

世のなかにいろんな情あれど、友情は特にすばらしい。

そんなことはわかっている。

そこらへんの漫画本も、トレンディなドラマも、いやになるほど流れてる歌も、友情はいいぞと言ってくるのだから。

そうは言っても、思い当たる友だちがいない。

作家になってから人と会う回数が増え、ありがたいことにごく薄い友情のようなものを何人かと結べたけど、それ以外はさっぱりだ。2年以上、友だちを保てたことがない。学校の同窓会にも、友人の結婚式にも、ろくに出席したことがない。お呼びでない。

開き直って孤高の一匹狼になれたらいいけど、わたしは相応のみみっちさを搭載している、相応の人間なので、相応な劣等感にまみれている。

っていうかこれ書いてるだけでも、恥ずかしくてたまらんわい!

ｎｏｔｅ「優しい人が好きだけど、人に優しくされるのがおそろしい」岸田奈美

「友だちがいない」「一応友だちはいるけれども、心を許している感じではない」「友だち

ができてもすぐに関係が切れてしまう」。そんなリアルな悩みを吐露する「つかみ」に、共感する人は少なくないでしょう。自分と同じような悩みを持った人の文章は、気になるものです。ここから、タイトルの「優しい人が好きだけど、人に優しくされるのがおそろしい」という内容にどう展開していくのかも気になるところ。ついつい先を読み進めたくなる文章です。

エッセイストの川代紗生《かわしろさき》さんも、2022年にはじめての著書である『私の居場所が見つからない。』を上梓できたのは、ブログがきっかけでした。

勤務していた天狼院書店のサイトで「川代ノート」というブログ記事を2014年から書いていたところ、その記事がバズり、世に知られるようになったのです。

川代さんのブログの「つかみ」も興味をそそられます。27万PVを獲得し、本にも収録された「元彼が好きだったバターチキンカレー」の「つかみ」は、次の文章ではじまっています。

好きな人のために料理をするのが異常に好きなときがあった。大学生の頃だったと思う。二十歳になるかならないか、そのくらいのときだった。
私はそこまで恋愛慣れしていなくて（今もたいしてしてないけれど）、何をどうしたら相手の気を引けるのか、駆け引きをするにはどうしたらいいかとか、相手にぞっこんになってもらうにはどうしたらいいかとか、そんなことばかり考えていた。いかんせん素直だったから、巷で人気の恋愛マニュアル本を読み漁り、ネットで「彼氏 好き特徴」などのワードで検索をして出てきたまとめ記事などを鵜呑みにしていた。今考えるとアホだったなと思うのだけれど、そのときは必死だったのだ。とにかくあの頃の私は、「人から愛されること」に飢えていた。誰かから無償の愛情を注がれたいと願っていた。とにかく自分のことを好きで好きでたまらない人に出会いたかった。

「元彼が好きだったバターチキンカレー」（『私の居場所が見つからない。』収録）
川代紗生／ダイヤモンド社

若い頃に同じような行動をしていて共感する人もいれば、「異常に好き」「人から愛されることに飢えていた」という強すぎる思いが何か波乱を起こしそうで、続きが気になる人もいるでしょう。

「元彼が好きだったバターチキンカレー」は天狼院書店のカフェメニューになり、テレビ番組でも取り上げられました。そこまで発展したのは多くの人に読まれたからであり、読まれたのは「つかみ」の力も大きかったからでしょう。

このように、「つかみ」から読み手の心を惹きつける記事を書いていると、出版などの仕事につながることもあれば、同じような考えを持つ仲間と出会えることもあります。「つかみ」ひとつで、あなたの人生が大きく変わっても不思議ではないのです。

タイトルがキャッチーなら、それでＯＫか問題

文章の「つかみ」が重要だというのはたしかにそうなのですが、駆け出しのライターの頃、私は次のようなことも思いました。

「タイトルがキャッチーであれば読んでもらえるのではないか」

たとえば、Ｗｅｂの記事では、ほとんどの記事を、タイトルで判断して読もうとするはずです。

とくに、ヒマつぶしでニュースサイトやＳＮＳを眺めているときに、「これ、面白そう」と判断する最初の材料はタイトルです。そう考えると、タイトルさえよければ、文章の「つかみ」はどうでもよいのでは……。そう思ってしまったのです。

しかし、タイトルに惹かれて読んでみたものの、文章の「つかみ」がつまらなければどうでしょうか。「なんか面白くなさそうだな」と読むのをやめてしまうのではないかと思います。

たとえば、「文章は『つかみ』で9割決まる」というタイトルの記事をネットで見つけたとします。本書を手に取った人なら、興味を持つ人は少なくないでしょう。

ところが、リンク先に飛んで、本文の「つかみ」が次のようだったらどうでしょうか。

インターネットが普及したことで、誰でもネット上で発信できるようになりました。ブログやｎｏｔｅ、ツイッターやフェイスブック、インスタグラムなどのＳＮＳなど、発信する手段は多種多様です。

いずれかの方法で発信している方も多いのではないでしょうか。「ブログとインスタグラムをしている」というように、複数の手段で発信している人もいるかもしれません。

○○総研の調べによると、日本のＳＮＳの利用者数は、２０２２年で８０００万人を超えています。これは、人口の3分の2に達する数字です。「1億総発信者時代」と言っても過言ではないでしょう。

ところが、そうして発信をしている人たちのなかで、共通する悩みが発生しています。

それは、「多くの人に自分の文章を読んでもらえない」ということです。（続く）

「前置きが長い」「早く本題に入ってほしい」と思いませんでしたか？　このように、とくに必要ない前置きが長々と書かれている文章はよく見かけます。

こういう文章は前置きを飛ばして結論だけ探して読まれることもあるかもしれませんが、「なんか面白くなさそう……」と思われて、読み手が離れてしまいがちです。

また、同じく、「文章は『つかみ』で9割決まる」というタイトルの記事で、文章の「つかみ」が次のようなものだったらどうでしょうか？

こんにちは、チャッキーです。

9月に入り、だいぶ暑さがやわらいできましたね。

そのせいか、ひさびさに激辛ラーメンを食べたくなり、昨日、らーめん○○に行ってきました。

そう、知る人ぞ知る神奈川の激辛ラーメンの名店です。

頼んだのは、決まって頼む定番、「ジャマイカハバネロラーメン」。

あの激辛香辛料のハバネロをこれでもかと入れた、泣く子も黙る一品です。

ひと口スープを飲むだけでも、ひーーーっ、からい！

でも滝汗を流しながら、完走しましたよ。

食べたあとはしばらくいいや、と思うんですが、また行きたくなるんですよね。

ハマる人はハマるので、みなさんもぜひチャレンジしてみてくださいね。

さて、今日は「文章のつかみ」について、書きたいと思います。（続く）

タイトルを見て、文章を読んだ人は、「文章のつかみ」について知りたいと思っています。そんな人たちがこの書き出しを読んだら、「えっ、『文章のつかみ』の話じゃないの？」

と、とまどうのではないかと思います。よほどチャッキーさんのファンならともかく、そうでない人は、本題と関係のない話題がダラダラと書かれていても、読もうとは思いません。

このように、たとえタイトルが面白そうだったとしても、「つかみ」が退屈だと、読み手は離脱してしまいます。

最初の退屈なところを飛ばして読む人もいるかもしれませんが、「つかみ」で「面白くなさそう」と判断されたら、たいていは飛ばす以前に読んでもらえません。繰り返しになりますが、これだけ読むものが多いのに、つまらなそうな文章に時間を割いてくれる人は少ないのです。

「つかみ」を制する者は文章を制す

ここまで文章の「つかみ」の重要性についてお伝えしてきましたが、じつは「つかみ」は、読み手だけに影響を与えるわけではありません。**書き手にも大きな影響を与える。**そんなこともライターの仕事をしながら実感しています。

そのことに気づいたきっかけは、文章の「つかみ」をきちんと考えるようになってから、「（つかみだけでなく）全体的にもよく書けている」と評価されるケースが増えたことです。

なぜ「つかみ」だけでなく、文章全体がよくなったのでしょうか。自分がどんなふうに文章を書いているのか、プロセスを振り返ったところ、次のことに気づきました。

それは、**「つかみ」を突き詰めて考えると、伝わる文章に必要な要素をきちんと考える**

ようになる、ということです。

（くわしくは第4章でお話ししますが）インパクトのありそうなことを漠然と「つかみ」に持ってくるだけでは、最後まで読んでもらえません。

まず、文章は**「どんな読み手に向けて書いているのか」**、読み手の対象を明確にすることが必要です。そうすれば、「読み手の対象は30～40代の管理職なのに、新入社員向けの初歩的なことを書く」といった、ズレた「つかみ」になるのを防げます。

「そもそも、この文章で何を伝えたいのか」、メッセージを明確にすることも欠かせません。そのメッセージと「つかみ」がリンクしていれば、「つかみ」とそれ以降の内容がかみ合ってきて、何を伝えたいのかがよりはっきりしてきます。

もう1つ、**「つかみ」を考えるときには、構成も一緒に考える**こともポイントです。『つかみ』からはじめて、どのような順番で文章を構成していくと、話が伝わりやすく、読み手が飽きないか」、それらがうまくいくと、より「つかみ」が生きてきます。

このように、「読み手」「メッセージ」「構成」の3つを考えると、「つかみ」だけでなく、文章全体の方向性がはっきりします。すると、あちこちに内容がとっちらかることがなく、筋の通った文章を書けるようになります。自分の言いたいことがわかりやすく伝わる文章になるわけです。

そして、読み手の興味を惹けそうな「つかみ」が書けると、続きも面白い文章が書けそうな気がしてきて、ポジティブな気持ちになってきます。

すると、筆が乗ってきますし、いいアイデアも浮かびやすくなります。結果、よりいっそう面白い文章になってきて、ますますテンションが上がってくる——。

このような、よいサイクルが生まれてくるのです。

よくスポーツの世界では「ゾーン」という言葉が使われます。集中力が増し、ベストなパフォーマンスを発揮できる状態です。文章でも同じように「ゾーン」に入っていると感じるタイミングがあります。

私は原稿を書いていて「もしかしてこれがゾーンかな?」と感じることがごくたまにあります。例外なく、自分の納得がいく「つかみ」が書けたときです。

「『つかみ』がビタッと決まると、スルスルと書けるようになる」というのは、以前から感覚的に思っていましたが、それにはこのようなメカニズムがあることに気づきました。

「文章は『つかみ』で9割決まる」というのは、「読み手に読んでもらえるかどうかが決まる」という意味だけではありません。**「自分の考えが相手に伝わる文章が書ける」「気持ちが乗って文章が書ける」**かどうかも決まるという意味でもあるのです。

「つかみ」を制する者は文章を制す。大げさに聞こえるかもしれませんが、長年、ライターとして「人に読ませる文章」を意識して書いてきた経験からも、言いすぎではないと感じています。

第2章

「つかめるつかみ」と「つかめないつかみ」は何が違う？

「つかめるつかみ」は最初の数行だけで続きが読みたくなる

第1章で「つかみ」の重要性について語ってきましたが、そもそも**「つかめるつかみ」**と**「つかめないつかみ」**とは何かを、ここで定義します。

まず「つかめるつかみ」は次のように定義できます。

- 最初の数行だけで、何らかの期待を持つことができ、続きが読みたくなる
- 全部読んだときに、「期待に応える文章だった」と感じられる

どちらか1つではなく、2つの条件がそろうと「つかめるつかみ」というわけです。なぜ両方必要なのか。以下で解説していきます。

1つ目の「最初の数行だけで、何らかの期待を持つことができ、続きが読みたくなる」。これだけだと抽象的なので、もう少し解像度を上げてみます。

まずは「最初の数行」。このパターンは無数にありますが、構造で分けると、大きく次の3つに分けられます。

① 最初の1文にインパクトがある
② 数行目にインパクトがある文章がくる
③ センテンス全体でインパクトを生み出している

1つひとつ見ていきましょう。

1 最初の1文にインパクトがある

これは、そのままズバリで、最初の1文だけで読み手を惹きつけるパターンです。

とくに小説やノンフィクションの名作を調べると、そんな「つかみ」がいくつも見つかります。いくつか例を挙げましょう。

吾輩は猫である。

『吾輩は猫である』夏目漱石／新潮社

メロスは激怒した。

『走れメロス』太宰治／新潮社

西の魔女が死んだ。

『西の魔女が死んだ』梨木香歩／新潮社

ある朝、眼を覚ました時、これはもうぐずぐずしてはいられない、と思ってしまったのだ。

『深夜特急』沢木耕太郎／新潮社

有名なものばかりですが、あらためてキャッチーな「つかみ」ですよね。1行読んだだけでも、「え、吾輩は猫⁉」「メロスが激怒。何があったの？」「西の魔女？　誰？　死んだ⁉」「ぐずぐずしてはいられないって、いったいどうしたんだろう？」と作品の世界に惹き込まれ、続きを読みたくなります。

② 数行目にインパクトがある文章がくる

「数行目にインパクトがある文章がくる」パターンもよく見られます。たとえば、次の文章は、ジャーナリストの近藤紘一氏の名作ノンフィクション『サイゴンから来た妻と娘』の「つかみ」です。

テレックス・センターを出て、ホテルの方に歩き出したとき、妙な爆音を耳にした。鈍く押さえつけたような音だった。

「エンジン・トラブルかな？」

足を停め、空を見上げたとたん、いきなり町中が対空砲火音に包まれた。

『サイゴンから来た妻と娘』近藤紘一／文藝春秋

ベトナム戦争真っただなかの南ベトナム・サイゴン（現・ホーチミン）を、敵機が急襲するシーンです。冒頭の「妙な爆音」も十分に気になる「つかみ」ですが、4行目の「対空砲火音」で一気に緊迫感が増し、物語に惹き込まれていきます。

2020年に発刊されヒットした斎藤幸平氏の『人新世の「資本論」』の「つかみ」も、同じような構造です。


温暖化対策として、あなたは、なにかしているだろうか。レジ袋削減のために、エコバッグを買った？　ペットボトル入り飲料を買わないようにマイボトルを持ち歩いている？　車をハイブリッドカーにした？
はっきり言おう。その善意だけなら無意味に終わる。

『人新世の「資本論」』斎藤幸平／集英社

「温暖化対策として～ハイブリッドカーにした？」までの前ふりを、「その善意だけなら無意味に終わる」で落とすことで、インパクトを生み出しているわけですね。

歴史書としては異例の48万部以上を売り上げた呉座勇一氏の『応仁の乱』の「つかみ」もこのパターンです。

応仁の乱を知らない人はまずいないだろう。小学校の社会科教科書にも登場する応仁の乱は、日本史上、最も有名な戦乱の一つである。
しかし、応仁の乱とはどのような戦乱か、と問われたら、かなりの人は答えに窮するのではないか。「人の世むなし応仁の乱」といった語呂合わせは覚えているかもしれない。また「東軍の総大将が細川勝元で、西軍の総大将が山名宗全で……」ぐらいの説明はできるかもしれない。だが、それ以上となると、なかなか難しい。結局、「この戦乱によって室町幕府は衰え、戦国時代が始まった」という決まり文句で片づけられてしまうのである。

人気もない。一九九四年、ＮＨＫ大河ドラマで応仁の乱を題材にした『花の乱』が放送されたが、歴代の大河ドラマの中で最低の視聴率だった（ちなみに二〇一二年に『平清盛』に記録を更新されるまでずっと最低）。ドラマとしては良くできていたので、何とも気の毒であった。

『応仁の乱』呉座勇一／中央公論新社

最初の2行はそこまでインパクトのある「つかみ」ではありませんが、3行目の「応仁の乱とはどのような戦乱か～答えに窮する」という文章で、「たしかに言われてみればそうだな」と興味を惹きます。さらに9行目の「人気もない」というくだりが、「そんなに人気がないのか」「でも、なぜそんな題材を取り上げるのか？」とかえって興味をそそります。

③ センテンス全体でインパクトを生み出している

「センテンス全体でインパクトを生み出している」パターンもあります。たとえば、2021年上半期の芥川賞候補になった小説家・くどうれいんさん。彼女のエッセイ「冬の夜のタクシー」の「つかみ」をご覧ください。

ふられた。とても悔しい、大学四年の冬の夜だった。ともだちが飲みに誘い出してくれて、普段そんなに飲まないふたりでワインを一本空けた。家の近くまで帰れる最終バスの時間はとっくに過ぎていた。雪と雨が交互に降って外はぐちゃぐちゃだ。仙台は除雪がへったくそだな。悪口ばかりが浮かんだ。靴は既に濡れていて、濡れたところから靴ごと凍りそうなほど寒かった。歩いて四十分の道はどう見ても除雪が最悪だったのに、お金がなかったのでタクシーにも乗れなかった。金なし、才なし、恋、ちぇ、最低。自分のことがみじめで仕方がなかった。寒くて足の指先が固まったような感覚がした。なんどかんでも鼻水が止まらず、冷えた耳ももげそうだった。それでもむきになって歩いた。歩かないと帰れないし、みじめな自分にこの帰宅はお似合いだと思った。

「冬の夜のタクシー」(『うたうおばけ』収録)くどうれいん/書肆侃侃房

1文ずつ見ていくと、特別インパクトのある文章ではありませんが、センテンス全体を見ると情景描写と心情描写がリズムよく絡み合い、「みじめな主人公」の姿がありありと浮かび上がってきて、続きが気になります。

大きく3つ「『つかみ』の最初の数行」のパターンを紹介しました。読み手は何行もガマンして読んではくれません。そのため、②や③のパターンでは、3~5行目ぐらいまでには何かしら読み手の興味を惹く仕掛けをつくるのが理想的です。

つかみに求められる3つの「期待」

「つかめるつかみ」の1つ目の定義は、「最初の数行だけで、何らかの期待を持つことができ、続きが読みたくなる」でした。そこで、1つハッキリさせておきたいのが、**「期待」**についてです。

どのような「期待」があるのかを分類すると、大きく次の3つに分けられます。

①　問題を解決したい
②　知的好奇心を満たしたい
③　心の栄養を得たい

1つひとつ見ていきましょう。

① 問題を解決したい

人が文章を読む大きな目的の1つは、「問題を解決すること」です。

人はさまざまな問題や課題を抱えています。「営業トークが苦手なのでうまくなりたい」「腰痛を予防するトレーニング方法が知りたい」というように問題や課題が明確になっていることもあれば、「お金を儲けたい」「健康になりたい」「モテたい」というようにざっくりしていることもあります。

そのため、Webや雑誌の記事、書籍などを読むときには、意識的か無意識にかはさておき、「何か問題解決ができそうな情報がないか」という期待を持っているものです。

読み手が問題解決を期待しているのは、ビジネス文書に対しても同じです。人事担当者がエントリーシートを読む場合は「将来性のある人材を見つけ出したい」、経営者や取引先が企画書を読むときは「成功する企画を見つけ出したい」といった期待を抱いています。

文章の「つかみ」を読んで、そうした期待に応えてくれそうだと感じられると、その先を読みたくなるというわけです。

② 知的好奇心を満たしたい

人は、仕事や生活に役立つかどうかに関係なく、「知的好奇心を満たしたい」という欲求を持っています。たとえば、

- 自分が以前から興味を持っている分野で、知らなかったこと
- これまで気に留めていなかったけど、面白そうだと気づいたこと
- ずっと疑問に思っていたこと
- 謎に包まれていること
- 怖くて近づけないけど、のぞき見したいこと

などが書かれている文章を見つけると、「もっと深く知りたい!」と読みたくなります。

そんな知的好奇心を満たす内容が書かれていると「つかみ」で示すことができれば、読

み手は「もっと知りたい」と期待して、続きを読みたくなります。

③ 心の栄養を得たい

文章を読む目的には、「心の栄養を得る」というのもあるでしょう。

心の栄養は、人によってさまざまです。たとえば、息抜きをしたいときや気分が落ち込んでいるときなら「楽しい」「笑える」話が読みたくなります。心が乾いているときは「感動できる」「泣ける」「ほっこりする」話を、退屈なときは「ハラハラドキドキする」「夢がある」話などを読みたくなるでしょう。人生がうまくいかず、他人に嫉妬したりあせったりしているときは、自分を励ましてくれる話や「あなたはそのままでいい」と自己肯定感を高めてくれるような話が読みたくなるはずです。

こうした話が読めることを「つかみ」で示せれば、読み手は「楽しい気分になれそうだ」「今の自分を肯定してくれそうだ」などといった期待を抱き、続きを読みたくなるでしょう。

「続きが読みたくなる」だけでは足りない

「つかめるつかみ」の定義は、「最初の数行だけで、何らかの期待を持つことができ、続きが読みたくなる」だけではありません。もう1つ大事なことがある、と私は考えています。それが、この章の冒頭でお話しした**「全部読んだときに、『期待に応える文章だった』と感じられる」**です。

みなさんは、Ｗｅｂメディアや雑誌の記事を、タイトルや文章の「つかみ」につられて読んだら、「想像した内容と全然違うんだけど……」とガッカリしたことはありませんか？「つかみ」で文字通り読み手の心をつかんで、以降の文章を読んでもらえるのは大切なことですが、「つかみ」で抱いた期待に応えられていないと、読み手は「期待外れだった」とガッカリしたり、「知りたいことが書かれていない」とイライラしたりします。

Webメディアの場合は、アクセス数を稼ぐことが広告収入のアップにつながるので、読者を〝釣る〟ために、本文の内容とは異なるタイトルや文章の「つかみ」を使うことがあるようです。しかし、とくに個人のブログやnote、会社のプレスリリースなどではあまりよい手とは言えないでしょう。

釣ることが目的でなくても、「つかみ」から想像される内容と本文の内容がかけ離れていると、読み手の期待に応えられなくなります。

このように考えていくと、次の2つがそろっていることが、「つかめるつかみ」の条件と言えるのです。

- 最初の数行だけで、何らかの期待を持つことができ、続きが読みたくなる
- 全部読んだときに、「期待に応える文章だった」と感じられる

5つの「つかめないつかみ症候群」

一方、「つかめないつかみ」の定義として私が考えるのは次の2点です。

- 最初の数行を読んでも、読みたい気持ちが起こらない
- 全部読んだときに、読み手の期待に応えられていない

要は「つかめるつかみ」の逆ですね。もう少し具体的にしてみましょう。

今回の本を書くにあたり、私は、文章を生業としていない人が書いたブログやｎｏｔｅにも目を通し、どんな「つかみ」からはじめているかを調べました。また、過去に自分の書いた記事のスクラップ帳をひっくり返してみました。

すると、せっかく面白いことが書かれているのに、いまいちな「つかみ」をいくつも目にしました。また、「つかみ」を読むと面白そうなのに、全文を読んだら期待外れに終わったというものもありました。

とくに多いパターンを整理すると、「つかめないつかみ症候群」といったかたちでまとめることができました。次の5つのパターンがあげられます。

1 「わかりやすいけど、無難すぎる『つかみ』」症候群
2 「手あかのついた『つかみ』に頼っている」症候群
3 「読み手の興味とズレたネタを選ぶ」症候群
4 「つかみが冗長でダラダラしている」症候群
5 「本題と『つかみ』がかみ合っていない」症候群

これら5つの症候群を文章の実例とともにご紹介しましょう。みなさんも、これらの病《やまい》にかかっていないかどうか、チェックしてみてください。

①「わかりやすいけど、無難すぎる『つかみ』」症候群

おそらく、多くの人が最初にかかる「つかめないつかみ症候群」が、これなのではないかと思います。

文章はわかりやすいし、間違ったことも書かれていない。けれども、無難すぎて、刺さる要素がない。そんな「つかみ」から抜け出せない症候群です。

たとえば、次の「つかみ」をご覧ください。

> 先週の日曜日、早朝から小学6年生の娘と鎌倉に出かけた。ハイキングをするためだ。娘とハイキングをするのは、じつに2年半ぶりのことである。

もう1つ、別の「つかみ」もあげてみます。

> 先月からバレエ教室に通いはじめた。最寄り駅から2駅先にある、駅から徒歩5分

ほどの位置にあるバレエスタジオだ。生徒数は23人と教室としてはかなり小規模である。講師は、子どもの頃から20年にわたってバレエをしている25歳の方で、恩師のもとで子どもたち向けにレッスンをしていたが、昨年独立したという。

どちらも文章の構成の基本である「5W1H」（5W1Hは文章を構成する基本的な要素。「いつ（When）」「どこで（Where）」「誰が（Who）」「何を（What）」「なぜ（Why）」「どのように（How）」のことを指します）を意識し、話の前提をきちんと説明しようとしている、わかりやすい「つかみ」だと思います。

ただ、わかりやすいものの、無難すぎて、読み手を惹きつけるインパクトはありません。これだと、なかなか「先を読みたい！」とはなりにくいでしょう。

こうした「つかみ」を書いている人のなかには、「これではインパクトがないなぁ……」と自覚している人もいるかもしれません。

しかし、いろいろ手を加えてもしっくりせず、結局、「わかりやすいほうがいい」と無難な「つかみ」になってしまう……。じつは私自身、ライターとしてデビューしてから数年間はこの症候群にかかっていて、そんな堂々めぐりをしていました。

②「手あかのついた『つかみ』に頼っている」症候群

無難すぎる「つかみ」から抜け出そうとしたときにかかりがちなのが、「手あかのついた『つかみ』に頼っている」症候群です。

手あかのついた「つかみ」とは、いろいろなところで使われすぎていて、もはやインパクトがない「つかみ」のことです。

たとえば、次の文章をご覧ください。

少子高齢化の進展に伴い、総人口、労働力人口が減少する中、日本社会の持続的発展のためには、女性の活躍は極めて重要な政策課題である。

内閣府男女共同参画局『男女共同参画白書 平成28年版』の文章です。これは白書なのでしかたがありませんが、冒頭の「少子高齢化の進展がうんぬん」という文章はあちこちでよく見かける文章であり、驚きがありません。

と思ったら、以前の私も思いきり使っていました。次がそうです（※多少加工してあります）。

少子化は年々進む一方。両親や祖父母の子どもに対する期待は高まり、英会話を習わせたり学習教材を買い与えたりと、教育面での出費を惜しまないようになりました。その影響で、子ども関連のビジネスが好調な動きを見せています。

絵本の制作・販売をするＡ社も、そんな会社の１つです。

「少子化が年々進んでいる」だけでなく、それに続く「両親や祖父母が子どもに対して出費を惜しまない」という話も、よく見かける話です。間違ったことは書いていませんが、インパクトには欠けます。これだけを読んで、続きを読んでみたいとはあまり思いませんよね。

じつは、私が書いたのは「自分の子どもを主人公にできるオリジナル絵本」をつくっている会社を取り上げた記事でした。せっかく面白い題材なのに、手あかのついた「つかみ」を使っているわけです。過去の自分、じつにもったいないことをしています。

「少子高齢化」に限らず、時代背景に関する「つかみ」はよく使われるため、どこかで見たような「つかみ」になりがちです。

たとえば、「人生100年時代がやってきた」「グローバル化の進展によって」などの文言は手あかがついていて、新鮮味のない表現に見えます。

私も、時代背景に関する手あかのついた「つかみ」を多用していた時期がありました。無難だという考えもありましたし、「高尚なことを書いているように見せたい」という気持ちもありました。しかし、その結果、どこかで見たような「つかみ」を量産していたわけです。

また、季節に関する「つかみ」も、手あかのついた典型の1つです。「もうすぐ桜舞い散る季節」「師走の足音が近づいてきました」「いよいよ夏本番!」などは必ずしも常にNGではありませんが、「つかめるかどうか」という視点で言えば、インパクトに欠けます。

ほかには、最近よく目にするものとして、SNSで多用される、自分の投稿に目を向かせるための言い回しです。

具体的に言えば、「これはガチです」「炎上覚悟で言います」「何度でも言いますが」「本質を言います」「断言します」「ズバリ言います」などなど。これらを文章で使っていると、「またその言い回しか」と思われてしまいかねません。情報商材を売っている人がよく使う言い回しなので、「この人も何か売りつけようとしているのでは」という誤解を招くおそれもあります。

③「読み手の興味とズレたネタを選ぶ」症候群

「つかみ」の目的は読み手の興味を惹くことですが、「読み手の興味とズレたネタ」を「つかみ」に選んでしまう。そんな症候群に陥っている例もあります。

私もそんな1人でした。その例として、過去に私が株式投資で稼いでいる人にインタビューをした記事の「つかみ」をご覧ください（※多少加工してあります）。

私が株式投資に興味を持ったきっかけは、祖母が株式投資をしていたことです。証券マンが自宅に通ってきていたのですが、いつも証券マンの言いなりになって株を買っていたことに、疑問を持っていました。

そこで、株式投資のテクニックを教える本を読み漁って勉強をして、祖母にアドバイスをするようになりました。すると、「たかしも自分でやってみたら」と祖母に言ってもらえるようになり、贈与してもらった100万円を引き継いで、自分でも運用するようになったのです。

ネットで、ある2つの指標が低い銘柄を探して、ネット証券で購入。売買を繰り返しました。その結果、7年間で5000万円の利益を出すことができました。


株式投資で稼いでいる人の事例に対して、読み手が知りたいのは「どれぐらい稼いでいる人なのか?」「どんな手法で稼いでいるのか?」でしょう。この文章で言えば、「7年間で5000万円稼いだこと」と「2つの指標」です。それらが「つかみ」に書かれていれば、「7年間で5000万円稼いだ人の言うことなら、読む価値がありそうだ」「2つの指標ってなんだろう?」などと感じ、読みたくなるのではないかと思います。

ところが、この文章では、「投資をはじめたきっかけ」を「つかみ」に選んでいます。「祖母が投資をしていたから」という情報に強い関心を持つ人はほとんどいないでしょう。これでは興味を持ってもらえませんよね。

同じく、読み手の興味とズレたネタを選ぶ例として、**「みんなが知っているようなことから書き出す」**ということもあります。

次の例は、これも私が書いた文章です。ライターをはじめて5年ぐらい経った頃に、ある雑誌で書いた「100円ショップの経営の秘密」に関する記事の「つかみ」です（※多少加工してあります）。

今や生活に欠かせない100円ショップ。文具、食器、食品はもちろん、衣料品やメガネ、音楽CDや書籍まで……。どう見ても数百円〜数千円はしそうな商品が、ごっそり並んでいる。

100円ショップがまだ世に出はじめの頃ならまだしも、「今や生活に欠かせない」と書かれていますから、読み手は100円ショップについて十分に知っていることと推測できます。そんな読み手に対して、この情報はまったく驚きがありませんよね。

「読み手の興味とズレたネタを選ぶ」症候群に陥っている例は、ほかにもあります。たとえば、次のような「つかみ」も。

野球、サッカー、ゴルフ、バスケットボール、バレーボール……。日本ではさまざまなプロスポーツが行われています。

フリースや軽量ダウン、機能性ウエアなどで大人気の、日本のファストファッションと言えば、そう、ユニクロです。

これらはいずれも間違いではありませんが、読み手の興味を惹く「つかみ」かというと、ちょっと疑問です。

④「『つかみ』が冗長でダラダラしている」症候群

手の込んだ「つかみ」を書こうとした結果、冗長になり、ダラダラしてしまう……という症候群も見られます。冗長になるパターンは2つあります。

1つは、**「余計な言葉が多い」**パターン。

たとえば、次の文章をご覧ください。

ダイエットの王道とは何かというと、やはり食事を減らすことでしょう。どんなに運動をしていても、食事を減らさないと、いつまで経っても体重は減りません。体重を落とすためには、基本的に食事を減らすことが不可欠と言えます。

「体重を落とすには食事を減らすことが不可欠」という内容の文章が3つも続いていて、長い割に薄い内容です。「体重」「食事」が何回も出てきますし、「とは何かというと」「やはり」「基本的に」など不要な言葉もたくさんあります。
このように同じ意味の言葉を繰り返したり余計な言葉がたくさん入っていたりすると、内容の割に文章が長くなり、読み手が興味を失ってしまいます。
恥ずかしながら、過去に私が書いた記事でも、冗長な「つかみ」の見本が見つかりました。次がそれです（※多少加工してあります）。

結婚希望者が、どの結婚情報サービス会社に加入するかを選ぶ最も大切な基準の1つは、言うまでもなく登録会員の数です。なぜかと言えば、会員の数が多いほど、選択肢は増え、理想の相手に出会える可能性が高いからです。言い換えれば、結婚情報サービス会社の成否は、いかに多くの会員を集めるかにかかっていると言えるでしょう。

「結婚情報サービス会社が成功するポイントは、多くの会員を集めることです」のひと言で済みそうな話がダラダラと書かれています。「言うまでもなく」「なぜかと言えば」など不要な言葉も散見されます。ライターとして駆け出しの頃に書いた記事とは言え、お恥ずかしい……。

もう1つは、**「いらない話が入っている」**パターンです。私がつくった「つかみ」をご覧ください。

「論理」とは何でしょうか。

国語辞典で調べると、「考えや議論などを進めていく筋道。思考や論証の組み立て。思考の妥当性が保証される法則や形式」とあります。ひるがえって論理的思考とは何かと言えば、筋道を立てて物事を考えていくことと言えるでしょう。論理的思考は、ビジネスパーソンに限らず、すべての人にとって必要な考え方と言えます。論理的思考に関する本が根強く売れているのはその証左と言えるでしょう。

ところで、文章は論理的に書くことが大事――。学校や会社でそう教わったことのある人は少なくないでしょう。とくに報告書やメールのようなビジネス文書は論理的に書くことを叩き込まれているのではないかと思います。

しかし、場合によっては、論理的に書くことをいったん捨ててみると、うまくいくケースがあります。

もっともらしいことが書いてありますが、何か違和感を覚えませんか？　一応、すべて「論理」について書かれていますが、最初の6行はほぼ必要ありません。むしろこの文章があることで、読み手の興味をそそらなくなっている感も……。

同じように、「この文章をまるごと削除しても意味が通る」という「つかみ」はしばしば見受けられます。

⑤「本題と『つかみ』がかみ合っていない」症候群

「インパクトのある『つかみ』を書こう」という意識が強くなると、そのためにかかってしまう症候群もあります。

それは、「本題と『つかみ』がかみ合っていない」症候群です。

たとえば次のように、「つかみ」で読み手が気になる問いを投げかけたとしましょう。

「食費を月1万円で抑えられる方法はあるのでしょうか」

しかし、最後まで読んだのに、「月1万円で抑えられる方法がまったく書かれていなかった」「安くておいしいもやし料理のレシピが延々と書かれていて、お金の話はどこかにいってしまった」としたらどうでしょうか。

読み手は「最初に書いてあることと違うじゃないか」とガッカリするでしょう。

こうしたことは「インパクトのある『つかみ』を書こう」とばかり考えると起こりがちです。そんなことがあるのだろうか、と思うかもしれませんが、意外と少なくありません。

かく言う私もそんなミスをしたことがあります。以前書いた雑誌の記事は、次のような「つかみ」からはじまっています（※多少加工してあります）。

「今ならもう1つ付いて、お値段そのまま!」

そんな売り文句が興味を惹くテレビショッピング。あんなに安くして、損をしないのだろうか？

この「つかみ」から入ったら、テレビショッピングの会社が安売りしても損をしないという話がくると思うでしょう。

ところが、その記事は、途中から「テレビショッピングでの商品の映し方」や「雰囲気を盛り上げる観客の声」など、売り方の工夫の話に終始していて、結局、損しているのかどうかはよくわかりません。文章に答えが書いていないのですから、読み手は頭に「?」マークが並んだままだったと思います……。

ほかにも、「つかみ」で抱いた期待を裏切るケースは、次のようなものが考えられます。

- 「成功に必要なたった1つのこと」と言いながら、どれを指しているのかわからない
- 「新しい方法を見つけた」と言いながら、新しい方法ではなかった
- 「波乱万丈な恋をした」と言いながら、どこが波乱万丈なのかわからなかった

いずれにしても、読後感は非常にモヤモヤしたものになるはずです。

いくら読み手の興味を惹くことができたとしても、最後まで読んでその期待に応えられなければ、その「つかみ」は失敗と言えるでしょう。

「『つかみ』にこだわりすぎて、締め切りに遅れる」症候群

ここまで取り上げた5つの「つかめないつかみ」症候群は、かつて私自身がかかっていたものです。このように「つかみ」に関する失敗を繰り返していると、「もう少しちゃんと考えなければ」という気に嫌でもさせられます。

その結果、私は新たな「つかみ」の病にかかってしまいました。それが「『つかみ』にこだわりすぎて、締め切りに遅れる」症候群です。

いい「つかみ」が思い浮かばないので、そこから1行も書き進められず、いつまでたっても文章が完成しないのです。

あるいは、やたら時間をかけて「つかみ」を書いたけれど、全文を書いてみたら、「この『つかみ』じゃ、何か合わないぞ……」と気づき、書き直したことも多々あります。

書き進めている途中で、「つかみ」が全体の内容とフィットしないことに気づき、再び

「つかみ」を考えるのに逆戻り。何度か繰り返した結果、時間がなくなり、文章の後半がグッダグダなまま提出……ということもありました。大学受験の日本史の試験勉強で、縄文・弥生・古墳時代ばかり勉強して、現代史には進めないのと似たようなことを、記事の執筆でも行っていたわけです。

ここまで、私の過去の例もふくめて反面教師的に「つかめないつかみ」の典型例を見てきました。次章からは「いかに『つかめるつかみ』を書くか」にスポットをあてていきます。

第3章

「つかみ」はネタの料理しだいでうまくなる

誰でもできる「つかめるつかみ」2つのコツ

いよいよ第3章からは、「つかめるつかみ」を書くポイントについてお話ししていきます。

この本で最もお伝えしたいのは、**「飛び抜けた文才がなくても、誰でもできることをすれば、『つかめるつかみ』はつくれる」**ということです。

読み手の心を惹きつける「つかみ」を書くために、私はさまざまな「つかみ」から、自分の文章にも取り入れられそうなものを探すようになりました。

有名な作家の小説、人気エッセイストのエッセイ、一流ライターのノンフィクション、新聞や雑誌の記事、Ｗｅｂメディアのインタビュー記事など、幅広くアンテナを張ってきました。

そのなかで気づいたのが、よく使われていて、手軽に取り入れられる「つかみ」の手法があることです。一流の書き手の超絶テクニックは簡単にマネできませんが、そうした手法を活用することで、「これは読み手の興味を惹けるのでは!?」という「つかみ」が書けるようになりました。

こうしたことを繰り返すうちに、「誰でもできる『つかめるつかみ』を書くコツ」に気づいたのです。具体的には、次の2つです。

- ネタをうまく料理する
- 埋もれたネタに目を向ける

どちらを先に考えてもよいですが、私がおすすめするのは「ネタをうまく料理する」から先に考えることです。

わざわざほかのネタを探してこなくても、目の前にあるネタをうまく料理すれば、読み手の心を惹きつける「つかみ」を書くことができます。

「うまく料理をするにはそれこそ才能が必要なのでは？」と疑問に思うかもしれませんが、大丈夫。

ちょっとしたコツでおいしい料理がつくれるように、文章の「つかみ」もポイントを押さえることでぐっと面白くなります。

最もおいしいネタは出し惜しみしないで「つかみ」に持ってくる

これからさまざまなネタの料理法を紹介していきます。なかでも最初におすすめしたいのは、「最もおいしいネタを出し惜しみしないで『つかみ』に持ってくること」です。

「最もおいしいネタ」とは、「最も読み手の興味を惹きそうな話」「ストーリーのなかで最も面白いところ」と言い換えてもいいでしょう。

たとえば旅行記を書くなら、その旅行で最も心に残った光景やハプニングのエピソード。何らかのノウハウについて書くなら、最も重要なノウハウを「つかみ」に持ってくるのです。

「最もおいしいネタ」を「つかみ」に持ってくることで、読み手の心を惹きつける。これこそ、まさに誰でも取り入れやすい方法でしょう。

ところが、せっかくのおいしいネタが「つかみ」に使われることなく、途中に埋もれている文章をよく見かけます。

そして、第2章で取り上げた「つかめないつかみ症候群」のようなことをしているのです。「わかりやすいけど、無難すぎる『つかみ』」を使ったり、「手あかのついた『つかみ』」に頼ったりするわけですね。


なぜおいしいネタを出し惜しみしてしまうのか。理由はいろいろあるでしょう。

私自身、ネタを出し惜しみしていたことに身に覚えがあり、理由の1つは**「最もおいしいネタをいきなり出すよりは、あとにとっておいたほうが文章が面白くなるのでは」**と考えていたことでした。「コース料理でも、メインディッシュをいきなり出すのではなく、まずは前菜から。文章だって同じでしょ?」と思ったのです。

「最初に一番面白いネタを持ってくると、あとが尻つぼみになる」ことを気にしていたこともありました。「なんだ、期待外れじゃないか」と思われたくなかったのですね。

みなさんのなかにも、かつての私と同じような考えを持っている人はいませんか?

しかし、繰り返しになりますが、読み手は自分の文章を何十行も根気よく読んでくれるとは限りません。最初の数行の「つかみ」で惹きつけられなければ、いくらそのあとに面白い話が書かれていたとしても、読んでくれないのです。これでは、まさに宝の持ちぐされです。

私は講師を務めるライター講座で、受講生の文章を添削しています。そのときも、おいしいネタが埋もれている文章を読むたびに「このおいしいネタを前に持ってくれば面白そうに見えるのに、もったいないなぁ……」と思うのです。

文章完読トーナメントの1回戦を突破できる可能性を少しでも高めたいなら、「つかみ」には「最もおいしいネタ」を持ってくる。

すべての文章でおいしいネタを最初に持ってくればいいわけではありませんが、多くのケースで使える手法です。私も文章を書くときは、「最もおいしいネタは何か」「それを『つかみ』に持ってこられないか」と一度は考えるようにしています。

「最もおいしいネタ」とは？

「最もおいしいネタ」のなかでも、文中に埋もれやすいネタには次の3つがあります。

① 最も伝えたいポイント
② 印象的な情景・シーン
③ 気持ち・感情

これらを「つかみ」に持ってくることを検討してみてください。それぞれ見ていきましょう。

① 最も伝えたいポイント

「最も伝えたいポイント」は何かを考え、「つかみ」に持っていきます。

誰かに何かを教えようという文章なら、「最も重要なノウハウ」や「最も伝えたい教訓」。

誰かのすごさを読み手に伝えたいなら、「最もすごいところ」。

注意喚起をするなら、「最も注意すべきこと」。

商品やサービスの魅力を伝えたいなら、「最も魅力的で、差別化できる特徴」「最もＰＲしたいポイント」などです。

最大のポイントを「つかみ」に持ってくるという手法は、一般に出回るＷｅｂメディアの記事や書籍では定番中の定番です。たとえば、こんなふうによく使われます。

ワークマンは「しない会社」だ。

『ワークマン式「しない経営」』土屋哲雄／ダイヤモンド社

くだらないものなんて、ない。

僕がこの本を通してお伝えしたいことは、この一言に尽きる。

『僕はミドリムシで世界を救うことに決めました。』出雲充／ダイヤモンド社

中年になってからの仕事に関する持論は、「35歳を過ぎたら好きなことより得意なこと」だ。

『婦人公論.JP』「得意ばかりを磨いていたら、夢中になるほどの好きがわからなくなってしまった」

ジェーン・スー

数多くのブドウ農家が「あの人が日本一だよ」と口を揃える、ブドウ名人の飯塚芳幸さん。数々の賞を獲得し、高級百貨店やフルーツ専門店で「飯塚さんのぶどう」コーナーが設けられるほどの実力者です。

『マイナビ農業』「飯塚芳幸が『日本一のブドウ名人』と呼ばれるようになるまで　畑の改良はいかに」

少年B

「お金持ちになりたければ、徹底して教養を身につけなさい」これが本書において、筆者がもっとも主張したいことです。

『お金は「教養」で儲けなさい』加谷珪一／朝日新聞出版

私たちが失敗する原因はすべて、余計な考えごと、とりわけネガティブな考えごとです。

『考えない練習』小池龍之介／小学館

いずれも1文目から最大のポイントをあげることで、この本や記事には何が書かれているのかがパッとわかりますし、インパクトもあって、興味をそそられますよね。

「最も伝えたいポイント」を「つかみ」に持ってくる方法の長所は、メッセージが明確に伝わりやすくなることです。

たとえば、次の文章を見てください（著者作成）。


インタビューをするときに大切なことはいろいろあります。

1つは、話を聞いていることがわかるように、相手のほうをきちんと見て、適度にあいづちを打つこと。相手の話の腰を折るような質問は慎みます。

「はい」「いいえ」で終わるような質問ではなく、話が広がるような質問をすることも重要です。

しかし、最も大切なのは「準備」です。

まずはインタビューの目的を明確にすること。

そのうえで、相手のことをよく調べます。

調べた内容を踏まえて、目的に沿った質問項目を用意します。

このように準備をすることで、当日のインタビューで的確な質問ができ、目的に沿った話を聞くことができるわけです。

「インタビューをするときに大切なことはいろいろあります」という「つかみ」はインパクトがありませんし、文章自体も「要するに何が大切なのか」がわかりにくい構成になっています。そこで、「最も大切」と言っている「準備」の話を「つかみ」に持ってきてみましょう。


インタビューをするときに最も大切なことは「準備」です。

まずはインタビューの目的を明確にすること。

そのうえで、相手のことをよく調べます。

調べた内容を踏まえて、目的に沿った質問項目を用意します。

このように準備をすることで、当日のインタビューで的確な質問ができ、目的に沿った話を聞くことができるわけです。

万全の準備をしたうえで、インタビュー中には次のようなことに気をつけましょう。

1つは、話を聞いていることがわかるように（以下省略）

「準備」の話を最初に移動させただけですが、これだけでも、伝えたいメッセージが明確な「つかみ」になります。

もう1つ例文をあげます（著者作成）。

世田谷の閑静な住宅街にある隠れ家レストラン。

銀座のレストランで2年間修業したシェフが、創作イタリアンをふるまう。

最大の売りは、「和風ペスカトーレ」。ホタテ、ワタリガニ、エビ、イカなど、北海道から直送した新鮮な海産物を、かつおやこんぶなど和風だしを加えた特製トマトソースで煮込んでいるそう。モチモチ食感の自家製手打ちパスタとよく合っていた。これで1500円はリーズナブル。

また、「シェフの気まぐれシーザーサラダ」も、お客様の9割が注文する。

木々に囲まれたテラス席では、暖かな日差しに包まれながら、優雅なひとときをすごせる。

「世田谷の閑静な住宅街にある隠れ家レストラン」という「つかみ」は悪くはありません

が、それほどインパクトはありませんよね。このなかで、最も目立つポイントはどれかというと、「和風ペスカトーレ」の話でしょう。そこで「つかみ」に持っていってみます。

ホタテ、ワタリガニ、エビ、イカなど北海道直送の海産物を、かつおやこんぶなど和風だしを加えた特製トマトソースで煮込む……。そんな「和風ペスカトーレ」を楽しめるのが、「○○」だ。
世田谷の閑静な住宅街にある隠れ家レストラン。
銀座のレストランで2年間修業したシェフが、創作イタリアンをふるまう。

「和風ペスカトーレ」の話を「つかみ」にし、その特徴を1文目に持ってきました。最初の文章の「つかみ」と比べ、インパクトが生まれたのではないでしょうか。
また、レストランの居心地のよさを強調したいなら、次のようにする手もあります。

世田谷の閑静な住宅街にある隠れ家レストラン。木々に囲まれたテラス席では、暖かな日差しに包まれながら、優雅なひとときをすごせる。

銀座のレストランで2年間修業したシェフが、創作イタリアンをふるまう。

「隠れ家レストラン」の話の次に、テラス席の文章を持ってくることで、居心地のよさが伝わる「つかみ」になったのではないでしょうか。このように、元々の「つかみ」に気になる情報を補強することでも、「つかみ」の魅力を高められます。

「最も伝えたいポイント」を「つかみ」に持ってくるもう1つのメリットは、書いている自分にとっても、**文章のポイントが何なのかが明確になること**です。すると、「結局、何を言いたいのかがわからない」文章になることを防げます。

第2章で触れた「つかみに求められる3つの期待」の観点で見ると、「最も伝えたいポイント」を「つかみ」に持ってくるのは、「問題解決」「知的好奇心」「心の栄養」、どのタイプでも使えます。この項の前半部分にあげた例文で言えば、「お金持ちになりたければ〜」という話は「問題解決」タイプの文章ですし、ぶどうの話は「知的好奇心」タイプ、「くだらないものなんてない」という話は「心の栄養」タイプにあてはまります。

② 印象的な情景・シーン

「印象的な情景・シーン」も、文中に埋もれやすい最もおいしいネタの1つです。もし文中にあるようなら、「つかみ」に持ってくることを検討してみましょう。

「印象的な情景・シーン」の「つかみ」は、小説やノンフィクションを読むと、たくさん出てきます。

たとえば、あまりにも有名な、川端康成の『雪国』の「つかみ」。

> 国境の長いトンネルを抜けると雪国であった。夜の底が白くなった。信号所に汽車が止まった。
> 向側の座席から娘が立って来て、島村の前のガラス窓を落した。雪の冷気が流れこんだ。娘は窓いっぱいに乗り出して、遠くへ叫ぶように、
> 「駅長さあん、駅長さあん。」
> 明りをさげてゆっくり雪を踏んで来た男は、襟巻で鼻の上まで包み、耳に帽子の毛

皮を垂れていた。

『雪国』川端康成／新潮社

列車の情景が浮かんできて、物語の世界に惹き込まれる「名つかみ」ですよね。

映画化もされた角田光代さんのベストセラー小説『八日目の蝉』の「つかみ」も秀逸です。

ドアノブをつかむ。氷を握ったように冷たい。その冷たさが、もう後戻りできないと告げているみたいに思えた。

平日の午前八時十分ころから二十分ほど、この部屋のドアは鍵がかけられていないことを希和子は知っていた。なかに赤ん坊を残したまま、だれもいなくなることを知っていた。ついさっき、出かける妻と夫を希和子は自動販売機の陰から見送った。冷たいドアノブを、希和子は迷うことなくまわした。

『八日目の蝉』角田光代／中央公論新社

この6行だけで、これから犯罪が起ころうとしている現場の緊迫感が感じ取れ、その先を読みたくなります。

また、しまだあや（島田彩）さんのエッセイの「つかみ」もご覧ください。

今週末の日曜日、私はユニクロで泣く。

いつも行く、イオンの4階に入っているユニクロで。きっと、震えながら白のエアリズムコットンオーバーサイズTシャツ（5分袖）を手に取って、泣く。

何の話か全くわからないと思うけど、今、たった今3時間前に起きたことを、心臓をばくばくさせながら、今日は書く。

ｎｏｔｅ「今週末の日曜日、ユニクロで白T買って泣く」しまだあや（島田彩）

「ユニクロで泣く」「震えながら白のエアリズムコットンオーバーサイズTシャツ（5分袖）を手に取って、泣く」という、意外なシーンを描くことで、「え、どういうこと⁉」と強烈に興味を惹かれます。「泣いた」ではなく、「（これから）泣く」というのも、「何があったんだろう？」と想像をかきたてられます。

ちなみに、この「つかみ」のあとには、次の文章が続きます。

私の家は、奈良にある。近鉄電車の快速急行が止まる駅。そして、家の94％を、地元の20代以下に開放している。

ここから文章をはじめていたら、「ユニクロで泣く」ほどのインパクトは出せなかったでしょう。

もちろん、例にあげたような、ありありと情景が浮かんでくるシーンは誰でも描けるものではありませんし、そればかり目指そうとすると筆がなかなか進みません。

それでも、「印象的な情景・シーンを『つかみ』に持ってくる」ように意識することで、人を惹きつける「つかみ」となります。

たとえば、次の例文をご覧ください（著者作成）。

冬休みに、函館に2泊3日の旅行に出かけた。

今回の旅で最も楽しみにしていたのは、函館山の頂から見る夜景だ。神戸の摩耶山、長崎の稲佐山とともに、日本三大夜景の1つに数えられる。

私は夜景鑑賞を趣味にしている。日本の有名どころの夜景で唯一見ていなかったのが函館の夜景だ。

じつは3年前に函館旅行をする予定だったが、運悪く足を骨折し、旅行を中止する羽目になった。

2年前は仕事が忙しく、昨年は家族の不幸が重なって、旅行する余裕がなかったのである。

「縁がないのかと思ったよ」

山頂へと登っていくロープウェイの中で、私はひとりごちた。

ロープウェイを降り、高鳴る鼓動を抑えながら、屋外展望台へと進む。人混みをかきわけ、たどりついた先に見えた景色に思わず息を呑んだ。澄み切った空気のなか、湾と海峡に挟まれた市街地一面に、幻想的な光が広がっていたのである。

「つかみ」に関してはとくにひねりがありませんよね。そこで、印象的なシーンを「つかみ」に持ってきたのが、次の文章です。

ロープウェイを降り、高鳴る鼓動を抑えながら、屋外展望台へと進む。人混みをかきわけ、たどりついた先に見えた景色に思わず息を呑んだ。澄み切った空気のなか、湾と海峡に挟まれた市街地一面に、幻想的な光が広がっていたのである。

冬休みに、函館に2泊3日の旅行に出かけた。今回の旅で最も楽しみにしていたのは、函館山の頂から見る夜景だ。神戸の摩耶山、長崎の稲佐山とともに、日本三大夜景の1つに数えられる。
私は夜景鑑賞を趣味にしている。日本の有名どころの夜景で唯一見ていなかったのが函館の夜景だ。

文章自体はまったく同じ内容ですが、順番を入れ替えるだけで、より読んでみたくなる「つかみ」になったのではないでしょうか。

もう1つ、実際の例を見てみましょう。『Number Web』に掲載されていた記事の「つかみ」です。

ひとり、ベンチで涙を流した。
8月12日、ZOZOマリンスタジアムでの北海道日本ハムファイターズ戦。千葉ロッテマリーンズのドラフト1位ルーキー・松川虎生捕手が「忘れられない」と振り返るこの試合は風の強い夏のナイターゲームだった。

2対1で迎えた9回に同点に追いつかれたマリーンズは、その裏に岡大海外野手のサヨナラヒットで劇的な勝利を手にした。しかし、歓喜に沸くマリーンズ戦士たちの横で、スタメンマスクを被った当時まだ18歳の青年の表情はさえなかった。

『Number Web』「『高卒1年目でよくやってる』と言われるけど…19歳松川虎生が明かした〝周囲の声〟とのギャップ『悔しい1年だったとしか言えません』」

千葉ロッテマリーンズ取材班

時系列だと先に試合中のことを書くことになりますが、試合後の印象的なワンシーンを「つかみ」に持ってくることで、読み手を惹きつけます。

この「つかみ」は2行目の「8月12日、ZOZOマリンスタジアムでの～」からはじめても、読み手を惹きつける力があります。しかし、「ひとり、ベンチで涙を流した」という印象的な1文を最初に持ってくることで、より「つかみ」のインパクトが増しています。お手本にしたい「つかみ」です。

「つかみに求められる3つの期待」の観点から言うと、「印象的な情景・シーン」からはじめる手法は、とくに「知的好奇心」「心の栄養」タイプの文章に向いていると言えます。

③ 感情・気持ち

読み手の心を惹きつける「つかみ」にするためには、「感情・気持ち」にも注目しましょう。

喜びや怒り、悲しみ、楽しさといった「喜怒哀楽」だけでなく、あせりや苦悩、逡巡《しゅんじゅん》といった「感情・気持ち」が「つかみ」に入っていると、読み手は興味を持ちやすくなります。なぜその気持ちになったのかが気になったり、共感を覚えたりして、先を読みたくなるのです。感情や気持ちの主は、自分でもほかの人でもよいでしょう。

お手本の1つは、第2章でもご紹介した沢木耕太郎氏の『深夜特急』です。「バックパッカーのバイブル」とも言われる名作ノンフィクションは、次の「つかみ」からはじまります。

ある朝、眼を覚ました時、これはもうぐずぐずしてはいられない、と思ってしまったのだ。

『深夜特急』沢木耕太郎／新潮社

主人公が、「ぐずぐずしてはいられない」というのはいったいどういうことなのか。先を読み進めて、知りたくなる「つかみ」です。

この文章のあとには、次の文章が続きます。

私はインドのデリーにいて、これから南下してゴアに行こうか、北上してカシミールに向かおうか迷っていた。

ゴアにはヒッピーたちの楽園があると聞かされていた。それがどのような種類の楽園なのかは定かでなかったが、少なくとも、輝くばかりのゴアの海沿いの土地では、デリーやカルカッタの何分の一かの金で楽に暮らすことができるという話に嘘はないようだった。

とくにひねりを加えない順序で書くとしたら、「ぐずぐずしてはいられない、と思った」という気持ちはこれらの話のあとにくるはず。それを、あえて冒頭に持ってきているわけです。最初に「ぐずぐずしてはいられない」という1文があるとないでは、インパクトがまったく違うのがおわかりいただけると思います。

また、『暮らしの手帖』元編集長である松浦弥太郎さんのエッセイ「三人のセンセイ」の「つかみ」をご覧ください。

ああ、なにをやってもうまくいかない。と思うときがある。誰にでもある。それは、できていることが、できないということではなく、毎日というのは、なにかしらの小さなチャレンジを繰り返しているのだけれど、そのひとつひとつが面白いようにうまくいかないというときである。しかし、そういうことは、いわば当然といえば当然である。チャレンジというのは、できないことをしようとする最初の一歩だからこそ、大体はうまくいかないのがあたりまえと言えよう。

そんなときにどうするかというと、ある二人のセンセイを思い浮かべることにしている。

「二人のセンセイ」（『おいしいおにぎりが作れるならば。』収録）松浦弥太郎／集英社

うまくいかないときの心が揺れ動くさまに、読み手は共感や親近感を覚えます。さらにこの「つかみ」は、ネガティブな気持ちをポジティブにとらえ直しているのも特徴です。前向きな気持ちになりたい人は続きを読みたくなるでしょう。

「感情・気持ち」の乗った「つかみ」は、ノンフィクションやエッセイだけでなく、ノウハウを伝えるＷｅｂメディアの記事でも見られます。『日経xwoman』に掲載されていた次の記事の「つかみ」をご覧ください。

朝、子どもがなかなか布団から出てこなかったり、やっと出てきても朝食をのんびりゆっくり食べていたり……。そんな姿を見てイライラして子どもを叱りつけ、保育園や小学校に送り出したあとはぐったりしてしまって、なかなか仕事モードに切り替

われないという悪循環に陥る親もいるのではないでしょうか。そうした共働き家庭にありがちな朝のイライラやバトルは、親子ともに心理的にも肉体的にも大きなダメージとなります。回避するために、どうすればいいのでしょうか。そのヒントを紹介します。

『日経xwoman』「朝のイライラは、子の学力や思考にまで悪影響を及ぼす」須賀華子

子どもに対してイライラしたりぐったりしたりといった気持ちを「つかみ」に持ってくることで、同じ気持ちを抱いたことのある読み手の興味を惹いているわけです。

みなさんが書く文章でも、文中に自分や他人の「感情・気持ち」が描かれているときは、それを「つかみ」に持ってくることができないか検討してみてください。

例として、次の文章をご覧ください（著者作成）。

子どものときからバレエをしてみたかったのだが、家計が苦しくてできなかった。
しかし、いつか挑戦したいとずっと考えていた。

社会人になって10年目の32歳のとき、生活に余裕ができてきた。そこで勇気を振り絞って、近所のバレエスタジオの門を叩いてみた。

週3回レッスンに通ったが、なかなかうまくならない。

年1回の発表会でも脇役ばかり。

しかし、5年目の発表会で、ようやくソロパートを任せてもらえるようになった。

本番当日。緊張で食事が喉を通らない。私にできるんだろうか……。

舞台袖で待機すると緊張はマックスに。

舞台に立った瞬間、観客の視線を一身に受け、頭が真っ白になった。

しかし、なんとか間違えることなく、最後までやりきった。

踊り終わったあと、多くの観客が私に対して拍手を送ってくださった。

「あのとき、勇気を出して本当によかった」

大勢の観客にあいさつをしながら、涙がこぼれそうになった。

発表会が終わり、今度はもっと多くのパートを担当したいと欲が出てきた。

何ごともはじめるのは何歳からでも遅くない。私のバレエ人生はこれからだ。

今のところは時系列で書かれているだけで、（ここでは文章の内容の良し悪しはさておき）とくに印象的な「つかみ」ではないですよね。そこで、「気持ち・感情」を「つかみ」に持ってくるとどうなるでしょうか。いくつかのパターンが考えられそうです。1つは、踊り終わったあとの感情を「つかみ」に持ってくるパターン。


「あのとき、勇気を出して本当によかった」

大勢の観客に向かってあいさつをしながら、涙がこぼれそうになった。

子どものときからバレエをしてみたかったのだが、家計が苦しくてできなかった。

しかし、いつか挑戦したいとずっと考えていた。


次のように一連の出来事を踏まえた実感を「つかみ」に持ってくるパターンも考えられます。

何ごともはじめるのは何歳からでも遅くない。
あらためてそう実感した出来事がある。
大人になってからはじめたバレエのことだ。

子どものときからバレエをしてみたかったのだが、家計が苦しくてできなかった。
しかし、いつか挑戦したいとずっと考えていた。

次のように、踊る前の感情を「つかみ」に持ってくるパターンもあるでしょう。

本番当日。緊張で食事が喉を通らない。私にできるんだろうか……。
本番とは、遅まきながらはじめたバレエの発表会のことである。

子どものときからバレエをしてみたかったのだが、家計が苦しくてできなかった。
しかし、いつか挑戦したいとずっと考えていた。
そんな憧れをかたちにしたのが、社会人になって10年目の32歳のときだ。

どの「つかみ」がよいかは伝えたい意図にもよると思いますが、いずれも元の文章の「つかみ」と比べれば、読み手の興味を惹きます。

たとえ文章全体では同じような内容でも、「つかみ」にどのような部分を持っていくかによって、読み手の印象は大きく変わることが実感できるでしょう。

ちょっとしたアクセントで、料理のように「つかみ」もおいしくなる

料理も食材や香辛料でちょっとしたアクセントを加えるとおいしくなるように、「つかみ」もちょっとしたアクセントを加えることで、読み手を惹きつけることができます。アクセントの手法のなかから、誰でも手軽に取り入れられる14の手法をピックアップしました。

① セリフからはじめる

冒頭の文章を印象的なセリフからはじめるのは、「つかみ」の定番テクニックです。まずはいくつか実例を見ていきましょう。

「島崎、わたしはこの夏を西武に捧げようと思う」

一学期の最終日である七月三十一日、下校中に成瀬がまた変なことを言い出した。いつだって成瀬は変だ。十四年にわたる成瀬あかり史の大部分を間近で見てきたわたしが言うのだから間違いない。


「ありがとう西武大津店」（『成瀬は天下を取りにいく』収録）宮島未奈／新潮社

「豚がめちゃくちゃかわいいんですよね」

元プロ野球選手の菊地和正は、目元に皺をよせ嬉しそうに言った。

野球と養豚の不思議な関係――。


『文春オンライン』『『トライアウトに向かう中で『これ、厳しいな…』と…』〝セリーグ歴代4位の記録を作った男〟が養豚場勤務に乗り出すまで」石塚隆

「おまえにはムリだ」――

大学４年生の夏、私自身が進めようとしていた現在の事業プランの原型を説明し始めた時、まだ会って数分ほどしか経っていない経営者の方から、間髪入れずに返ってきた言葉です。

『勝ち続ける会社をつくる起業の教科書』野坂英吾／日本実業出版社

「データサイエンティストは21世紀で最も魅力的な（セクシーな）職業である」――２０１２年のハーバードビジネスレビュー誌の一文です。それから10年が経過しましたが、データサイエンティストは人々を魅了する職業として確立したのでしょうか。

『データサイエンティスト入門』野村総合研究所データサイエンスラボ／日本経済新聞出版

いずれも印象的なセリフから入ることで、インパクトのある「つかみ」になっています。

セリフがなくても意味が通るかもしれない「つかみ」に、あえてセリフを入れる手もあります。その一例が、『日本経済新聞』に掲載された「味の素、半導体の『隠し味』で成

長　データ拠点で需要増」という記事の「つかみ」です。

「ふざけんな味の素」。昨年、SNS（交流サイト）で味の素を非難する書き込みが広がった。ソニーグループの最新ゲーム機「プレイステーション5」の一向に解消しない品薄問題の背景に、味の素がうま味調味料の副産物を使って開発した絶縁材料「味の素ビルドアップフィルム（ABF）」の不足が影響しているとの見方からだ。

『日本経済新聞』「味の素、半導体の『隠し味』で成長　データ拠点で需要増」

2文目の「昨年、SNS（交流サイト）で味の素を〜」からはじめても違和感はありませんが、「ふざけんな味の素」というインパクトのあるセリフを「つかみ」に入れることで、「え、どうしたの!?」と読み手に思わせる効果を生み出しています。

次の記事のように、複数のセリフを並べる手もあります。

「ふくおかしがあらわれた！」

「しんしゅつ しようぜ」

「よろしい！ 正社員で 福岡市民なら ひとり ￥５００，０００ さずけよう！」

名作ＲＰＧ・ドラゴンクエストのみならず、ファイナルファンタジーやゼルダの伝説などといった１９８０年代のテレビゲームの世界を再現した企業誘致サイトが話題だ。

これは民間のものではなく、れっきとした福岡市の公式サイト。手がけたのは、ドット絵の素人でありながらも、ゲーム愛に溢れる一人の市職員だった。

『ハフポスト』「ドラクエからゼルダまで…市役所の公式サイトがファミコン風デザインになったワケ」高橋史弥

サイトのなかで出てくるゲーム風のセリフを、「つかみ」に使った記事です。

こちらも、「名作ＲＰＧ・ドラゴンクエストのみならず、ファイナルファンタジーやゼルダの伝説など〜」からよりは、セリフからはじめたほうが、イメージがわきますし、

「なんのことだろう?」と興味を惹きやすくなります。

ただし、セリフは1つのアクセントになりますが、うまくハマらないこともあります。一時期、私がしていた失敗が「まったくキャッチーではないセリフを『つかみ』に持ってくること」です。

たとえば、起業家のインタビュー記事で、「新卒後、10年間、金融機関に勤めていました」とそこまで目を惹くことではない、経歴に関するセリフを「つかみ」に持っていくなどしていました。

あるいは次のように、「セリフが説明っぽくて、やたら長い」こともありました。

「私が手がけている仕事は、さまざまなメディアの編集やライティング業務です。Webメディアから雑誌、書籍まで、あらゆる形態のメディアの仕事を請け負っています。ジャンルも、ビジネスからマネー、育児まで多岐に渡っています」

これだと冗長でどこに着目していいのかもわかりませんよね。

セリフを「つかみ」に持ってくるだけで、なんとなくいい感じの文章ができているように錯覚しがちなので注意しましょう。

②「問い」にする

「問い」も、「つかみ」の定番テクニックです。

「なぜ、食費を月2万円で抑えられるようになったのでしょうか」

「わずか1年間の勉強で税理士試験に合格できました。どんな方法で勉強したのでしょうか?」

というように、「問い」を「つかみ」で投げかける手法です。読み手の興味を惹く「問い」を投げかけられれば、答えが知りたくなり、その先を読み進めてくれます。

「3つの期待」で言うと、「問題解決」タイプの文章で多用されますが、「知的好奇心を満たす」タイプの文章でも使えます。「問い」にすることで、読み手の心に引っかかる「つかみ」になります。

たとえば、次の文章は、世界的な日本人アーティストである村上隆さんの『芸術起業論』の「つかみ」です。

なぜ、これまで、日本人アーティストは、片手で数えるほどしか世界で通用しなかったのでしょうか。

単純です。

「欧米の芸術の世界のルールをふまえていなかったから」なのです。

欧米の芸術の世界は、確固たる不文律が存在しており、ガチガチに整備されております。

そのルールに沿わない作品は「評価の対象外」となり、芸術とは受けとめられません。

ぼくは欧米のアーティストと互角に勝負するために、欧米のアートの構造をしつこく分析しました。

『芸術起業論』村上隆／幻冬舎

「問い」のかたちにしないと、次のような文章になります。

これまで、日本人アーティストは、片手で数えるほどしか世界で通用してきませんでした。その理由は単純です。
「欧米の芸術の世界のルールをふまえていなかったから」なのです。

同じ内容でも、「問い」にすることで、読み手の心に引っかかりやすくなります。
『日本経済新聞』のコラム「豪雪、温暖化でむしろ増加　暖かい海水がエネルギー源」の「つかみ」も、次のような疑問からはじまっています。

温暖化なんてウソなんじゃないか——。冬に大雪が積もる荒天が続くと決まってこんな投稿をSNS（交流サイト）で見る。地球全体の気温が高まっているのなら、冬も温暖になっていなければおかしいでしょうと続く。だが専門家はかぶりを振る。それどころか、こう指摘する。大雪を伴う冬の嵐は増えていく、と。

『日本経済新聞』「豪雪、温暖化でむしろ増加　暖かい海水がエネルギー源」矢野摂士

「温暖化なんてウソなんじゃないか――」という冒頭の疑問がなくても意味は通りますが、この1文を入れることで、よりインパクトのある「つかみ」になります。

音楽プロデューサー・浦久俊彦さんの『フランツ・リストはなぜ女たちを失神させたのか』の「つかみ」もご覧ください。

何が女たちを狂わせたのか。

彼が脱ぎ捨てた手袋を奪い合い、花束の代わりに宝石が投げ込まれ、舞台に花吹雪を降らせるために、街中の公園から花がむしりとられた。ある街では、彼とその子孫を王族とする国までもが創られようとした。すべて、たったひとりの人物のためにである。

その人物とは、フランツ・リスト。

『フランツ・リストはなぜ女たちを失神させたのか』浦久俊彦／新潮社

「何が女たちを狂わせたのか」という「問い」がなくても意味は通りますが、この1文があることで、読み手をぐっと惹きつける「つかみ」になっています。

③ 数字を入れる

数字を入れると、文章に説得力やインパクトが生まれやすくなります。「つかみ」でもそれは同じです。

たとえば、次は『ねとらぼ生物部』の記事の「つかみ」です。

何としてでも仲間に入りたい子猫がYouTubeに投稿され、「最高のお昼寝タイム」「うらやましいかぎり」と話題になっています。再生数は2月7日時点で14万回超え。優しく見守るお兄ちゃん猫がほほ笑ましい……!

『ねとらぼ生物部』「愛猫と添い寝していたら、新入り子猫が『ぼくも!』と割り込んで……定員オーバーな〝ぎゅうぎゅう詰め〟がうらやましい」土屋真理菜

最初の1文だけだと、そこまでインパクトはありませんが、「再生数は14万回超え」という数字が入ると、「14万回も再生されているなんて、どういう話なんだろう?」と猫好

きでなくても興味を惹かれます。

次は『弁護士ドットコム』の記事の「つかみ」です。

「コンビニは、カスハラ（カスタマーハラスメント）が多いですよ」。こう話すのは、派遣スタッフとして100軒以上のコンビニを渡り歩いてきた男性Aさん。客から怒鳴られることは珍しくないという。
『弁護士ドットコム』「コンビニの日本人店員が『外国人の名札』を着けたら…客の態度に劇的変化」

「セリフからはじめる」だけでも読み手の興味を惹きますが、さらに「100軒以上のコンビニを渡り歩いてきた」という情報が、「そんなに渡り歩いてきたのか」という驚きと「いろんな経験をしているに違いない」という説得力を生んで、続きを読みたくなります。

「少なかったのに、こんなに増えた」「かつてはこんなにあったのに、今やここまで減ってしまった」というように、大きく推移した数字があるとインパクトが出ます。

次の『マーケティア』の記事も、その典型です。

ビジネスパーソンなら誰しも一度は見たことがある「東洋経済オンライン」。2022年現在は月間2億PVを超える超巨大メディアですが、2012年の前半までは意外にも月間300〜500万PVだったそう。いったいこの10年の間になにが起こったのでしょうか?

今回はその裏側を探るべく、武政秀明編集部長にお話をうかがいました。メディアに関わるみなさん、編集者のみなさん、ぜひともご覧ください!

『マーケティア』「月間300万PVを『2億』へ押し上げた編集メソッド
—東洋経済オンライン武政秀明氏」まこりーぬ

「月間2億PV」だけでもかなりインパクトがありますが、「2012年には月間300〜500万PVだった」とかつては少なかったという情報も入ることでギャップが生まれ、「どうやって成長してきたのだろう?」と読み手の興味を惹くことができます。

明確な数字でなく、大まかな数字でも「つかみ」にインパクトが出ます。岸田奈美さんのエッセイの「つかみ」はその一例です。

岸田家の歴史を揺るがす大事件が起きた。

わが弟が、莫大なお金を稼いだのである。

大金とは、彼が三十年働いて手にするはずの金額だ。

それを数時間で。

note「弟が大金を稼いだので、なにに使うかと思ったら」岸田奈美

「三十年働いて手にするはずの金額」「それを数時間で」というのは明確な数字ではありませんが、それでもインパクトが生み出せます。

「つかみ」で使えそうな数字があれば、検討してみてください。

④ データを加える

「数字」について触れましたが、データも「つかみ」で上手に使えば説得力が高まります。

国の統計データや民間企業のアンケート調査、メディアの記事など、データはネット上にたくさん転がっています。そのなかから、「つかみ」で伝えたいことを補完するようなデータを見つけ出せると、読み手の興味を惹くことができます。

たとえば、次は「退職学」の研究家・佐野創太さんの『ゼロストレス転職』の「つかみ」です。

年間約800万人。あなたはこの数字の意味を、ご存じでしょうか？

正解は、日本で転職を希望している人たちの数です。

このうち、実際に転職する人は約300万人。残りの約500万人は、転職を希望しているにもかかわらず、実際には転職しません。

転職活動を途中でやめてしまう、もしくは最初から転職をあきらめてしまうのです。

なぜ転職希望者のうち、半数以上もの人々が転職しないのか？

働きながら行う転職活動には、時間的にも、体力的にも、精神的にも多大なストレスがかかるからです。


『ゼロストレス転職』佐野創太／ＰＨＰ研究所

８００万人のデータの元は、総務省の「労働力調査」です。単に「転職を希望しているものの、転職しない人は多い」と言うのと、「転職希望者は８００万人もいるのに、５００万人は転職しない」とデータを使って言うのでは、「つかみ」のインパクトがまったく違ってきます。

「最近、○○という商品が20代の間で流行している」「かつて流行った△△店が急激に減少している」といったトレンドを示す情報も、数字があるに越したことはありません。

次は、『東洋経済オンライン』の記事の「つかみ」です。

赤やオレンジ、青といった外装で、店内が明るく、清潔そうな店舗。ひときわ目を引く看板。最近、街のいたるところでやけに目立つのがコインランドリーだ。いまや店舗数は右肩上がり。この20年で倍増、さらに増殖中だ。2017年度時点では国内に約2万店と推計されている。

『東洋経済オンライン』「コインランドリーが今、こんなにも熱い事情」田野真由佳

コインランドリーが増えたと感じている人は少なくないと思いますが、「コインランドリーが増えた」とだけ書くのと、きちんと調べて「20年で倍増」「2万店」というデータを加えるのとでは、読み手に与えるインパクトがまったく違います。

5 常識や先入観を否定する

多くの読み手が抱いている常識や先入観を否定する。そんな内容を「つかみ」に持って

くると、「えっ、そうだったの!?」「本当にそうなの?」と読み手の興味を惹くことができます。

たとえば、次の「つかみ」を見てください(著者作成)。

還暦を超えて難関資格を取得するなんて不可能。そう思っている人は少なくないでしょう。

そんな常識をくつがえし、65歳で司法書士の資格を取得したのが、○○さんです。

「65歳で司法書士の資格を取得した」からはじめてもよいですが、その前に「還暦を超えて難関資格取得は不可能」という〝常識〟を入れて、それを否定する流れにしたほうが、「つかみ」にインパクトが出ます。

「常識や先入観を否定する」という手法は使い勝手がよく、実際によく見かけます。たとえば、次は科学作家の竹内薫さんが書いたベストセラー『99・9%は仮説』のプロローグです。

いきなり驚かせて申し訳ありませんが、「飛行機が飛ぶしくみ」なんてものは、案外、よくわかっていないものなのです。

これは本当の話です。

「飛行機はなぜ飛ぶのか？」という疑問は、最先端の科学（航空力学）でも完全には説明できない「難問」なのです。

そんなことをいうと、

「えっ？　でも、飛行機は空を飛んでるじゃないか!?」

と思われるかもしれません。

たしかに、そうですよね。毎日毎日、飛行機は世界中の大空をいったりきたりしているわけです。

ライト兄弟がはじめて飛行機を飛ばしてから今日にいたるまで、それこそ数えきれないくらいの飛行機が実際に空を飛んでいます。

「それなのに、なぜ飛ぶのかわからないって……」

でも、わかっていないものは仕方ありません。

実は、科学はぜんぜん万能ではないのです。

みなさんが当然解明されているものだと思っている「飛行機が飛ぶしくみ」ですら、うまく説明できないのですから。

『99・9％は仮説』竹内薫／光文社

「飛行機が飛ぶしくみは当然、科学的に説明できる」。そう思い込んでいる人は少なくないでしょう。その常識を否定することで「え、どういうこと？」と知的好奇心をかきたてられます。

また、コラムニストの小田嶋隆さんが自身のアルコール依存症の経験を書いた『上を向いてアルコール　「元アル中」コラムニストの告白』は、第1章（1日目）が次のような「つかみ」からはじまります。

なんでアル中になっちゃうんでしょうね？　私もさんざん訊かれました。みんな理由を欲しがるんですよ。その説明を欲しがる文脈で、アル中になった人たちは、「仕事のストレスが」とか、「離婚したときのなんとかのショックが」とか、いろんなことを言うんです。

だけど、私の経験からして、そのテのお話は要するに後付けの弁解です。

『上を向いてアルコール「元アル中」コラムニストの告白』小田嶋隆／ミシマ社

「アルコール依存症になるのは何らかの理由がある」。そんな思い込みを、「後付けの弁解です」といきなりくつがえしています。そうすることで、読み手に「え、ではなんで？」と疑問を抱き、ページをめくりたくなるよう促しているわけです。

病気の話は暗くなりがちですが、軽いタッチで書くことで読み手の心理的なハードルを下げているのも、さすがの手腕です。

次は、大衆食ライター・本橋隆司さんによる「『つなぎが多いそばはダメ』という大きな勘違い」の記事の「つかみ」をご覧ください。

そば好きの中には、十割そば以外はそばと認めないという人が、少なからずいる。

確かにいいそば粉を使い、腕のいい職人が打った十割そばは、誰が食べてもおいしいと感じるだろう。「そばは十割に限る」という意見ももっともだ。

その一方で、町の一般的なそば店や立ち食いそば店ではつなぎを使ったそばが主流で、そば粉の割合は多くて7割。少ないと3割といったものもある。それらを指して「そばではない」と否定する意見もある。

確かに大衆的な価格を維持するため、水増しでつなぎを使う場合もあるのだが、そうというばかりでもない。コスト以外にもそばにつなぎを使う、〝積極的〟な理由があるのだ。

『東洋経済オンライン』『「つなぎが多いそばはダメ」という大きな勘違い」本橋隆司

「十割そば以外は認めない」とまではいかないまでも、「十割そばこそが本物のそばだ」という〝常識〟を持っている人は多いことでしょう。そうした〝常識〟を述べつつ、じつは「十割そばだけがいいとは限らない」と〝常識〟をくつがえすことで、大のそば好きでなくても興味をそそる「つかみ」になっているわけです。

もう1つ、同じく『東洋経済オンライン』の記事で、「45歳以上『高学歴男性』が持っていない3つのモノ」の「つかみ」です。

> 近年、中高年男性の働き方について「働かないおじさん問題」などとメディアで取り上げられることは少なくありません。しかし、高学歴の中高年男性を対象としたアンケートから浮かび上がってきたのは、メディアで報じられているのとは違う中高年男性の姿でした。
>
> 『東洋経済オンライン』「45歳以上『高学歴男性』が持っていない3つのモノ」小島明子

こちらも最初の文章をすぐに否定するかたちです。「働かないおじさん」というと「仕事に対してやる気がない」というイメージがありますが、「じつは違った一面があるのでは?」と思わせる「つかみ」で、その先を読んでみたくなります。

6 「抽象的な言葉」で匂わす

この章の冒頭では、「最もおいしいネタを『つかみ』に持ってくる」という話をしましたが、「つかみ」でおいしいネタをあえて「抽象的な言葉」で匂わす手もよく使われています。

たとえば、『朝日新聞GLOBE＋』の記事「『資源ごみ』と言うと怒られる　マシンガンズ滝沢秀一が清掃員をやって得た気づき」の「つかみ」です。

> お笑いコンビ「マシンガンズ」の滝沢秀一さん（45）は、芸能活動のかたわら、ごみ清掃員として東京都内をまわっています。「本職」と語る、ごみ清掃の仕事を始めて10年目。しだいに「見えないものが見えるようになってきた」といいます。ごみを出す側の私たちにとって、「見えないもの」とは何なのでしょうか。また、ごみを減らすために、自身が取り組んでいる工夫についても聞きました。

『朝日新聞GLOBE＋』「『資源ごみ』と言うと怒られるマシンガンズ滝沢秀一が清掃員をやって得た気づき」目黒隆行

結論を最初から出さずに、「見えないもの」という抽象的な言葉で匂わすことで、読み手は「見えないものって何？」と先を読みたくなります。

「重要なポイント」「〜の真実」「簡単にできる方法」などのように、抽象的に匂わす言葉はたくさんあります。

さらに、数字を使うことでもインパクトが出ます。たとえば、「たった1つのコツ」と限定すると、「たった1つでいいなんて、すごいコツに違いない」と思えますし、「1つだけでいいなら自分にもできそう」と思わせる効果があります。

気をつけたいのは、抽象的な言葉を使ったあと、なかなかその中身が出てこないと、読み手をイライラさせてしまうことです。とくに問題解決型の文章の場合は、読み手は結論を早く知りたいものです。抽象的な言葉を使ったときは、あまりもったいぶらずに、その中身を早めに明らかにしたほうがよいでしょう。

⑦「なじみのない言葉」を使う

もし、文中に一般的になじみのないキーワードがあるなら、それを「つかみ」の1行目に持ってくると、「いったい何だろう?」と読み手の知的好奇心を刺激します。

たとえば、カレーライター・田嶋章博さんの記事をご覧ください。

今や都市部では、1駅に2〜3軒あることも普通。そう、「インネパ店」の話である。

インネパ店とは、「インド・ネパール料理店」の略で、ネパール人が手がけるインド料理店を指す。最近ではよく知られることだが、巷にある外国人経営のカジュアルなインド料理店は、実は多くがネパール人経営だったりする。

『Yahoo!JAPANニュース』「ネパール人経営のインド料理店『インネパ店』、なぜ激増？背景にある2つの歪曲」田嶋章博

「インネパ店」というキーワードは一般的ではないからこそ、「何の店なのだろう?」と興味をそそります。この例では、タイトルですでにインネパ店が何かが明らかにされていますが、タイトルや「つかみ」の1行目では隠しておいても読み手の興味を惹けるでしょう。

こちらも、なじみのないキーワードを使った「つかみ」の例です。雑誌『月刊Lightning』に掲載された、ライター・箱田髙樹さんの記事です。


フリーポア、と言うらしい。

カフェラテに模様を描くラテアート。その一つで、ピッチャーでミルクを注ぐ(ポア)動きだけでラテに模様を描くワザのことだ。

「こんな感じです。どうぞ……」

ほんの数秒。リズミカルにピッチャーを動かしていた松下大介さんがカップを差し出す。ふんわりとリーフ柄が表面に浮かぶ。所作と併せて美しく、美味い。

当然だ。

『月刊Lightning』２０２２年12月号「OWNER'S STORY Returns こうしてボクらはオーナーになった」

箱田高樹／ヘリテージ

おそらく多くの人は「フリーポア」という言葉を知らないので、「いったい何のことだろう?」と疑問を持ち、文章を読み進めるでしょう。

このように、一般的に見てなじみのないキーワードをうまく使うことで、読み手の興味を惹くことができます。ただ、その言葉の意味がわからないと、文章自体も理解しにくくなることがあるので、すぐに種明かしをしたほうがよいでしょう。

8 「例」を羅列する

「つかみ」で、同じカテゴリーの例をいくつも羅列するのも1つの手です。面白い内容がたくさんあると感じさせ、読み手の興味をそそります。

次は、書籍『２０６０　未来創造の白地図』の「つかみ」です。

空中リムジンが翔けぬける透明チューブがジェットコースターのように空を横切り、スカイバイクやフライコミューターが飛び交う未来都市。年中花と緑が豊かなスカイポートには、エアーバスを待つ人影。人々が着るシャツは、人体通信機能も備えたウェアラブルコンピューター。古代建造物のようにも見える多目的タワーの後ろには、巨大な透明ドームに包まれた高速交通網が延びる……。

そう、この本のカバーに描かれたテーマパークのような情景は、２０６０年の都市生活のワンシーンをイメージしたものです。

『２０６０　未来創造の白地図』川口伸明／技術評論社

この「つかみ」も夢のある未来の情景をいくつも並べることで、読み手の興味を惹いています。

重ねおりさんのｎｏｔｅ「【ファッション履歴書】平成初期生まれのアラサーが私服の歴史を振り返ってみた」の「つかみ」もご覧ください。

夫が転職に向けて職務履歴書を作りながら、これまでの仕事を棚卸して自己分析をしていたのを見て、私もこれまでのファッションを振り返りたい衝動に駆られた。

厨二病暗黒ファッション時代
ファッションへ目覚めた高校時代
全ての流行に乗った大学時代
キラキラOL迷走期
そして今アラサーとしてちょうどいい時期
と時系列に沿って各時代に通ったブランドや系統を並べてみる。

何はともあれ自分のファッション履歴書を作るのが楽しすぎるので、私の履歴書読まなくても良いからファッション好きな人は末尾にあるテンプレまでぶっ飛んで書いてみて欲しい。

note「【ファッション履歴書】平成初期生まれのアラサーが私服の歴史を振り返ってみた」

重ねおり

こちらも、「厨二病暗黒ファッション時代」「キラキラＯＬ迷走期」など面白いネタがたくさんありそうに見えて、読み手の興味を惹いています。

もう1つ、次の「つかみ」も事例を次々と出すことで、興味をそそられます。

世の中には一体誰が買うのだか、どうやって採算を取っているのだかよく分からない本を目にすることがある。タイトルや目次、まえがきを見てみても一体何のことについて書いているのか理解できないものや、よく企画会議に通ったなと不思議に思うもの、さらにはひょっとしてこの作者はちょっと頭がオカシイんじゃないの？　でも、なぜだかリスペクトせずにはいられない——そういった本と出くわすことがたまにある。そんなヘンテコリンな本を集めたのがこの『ベスト珍書』だ。

『ベスト珍書』ハマザキカク／中央公論新社

このように、面白い要素がたくさんある文章なら、「つかみ」で惜しみなく、たくさん並べることで、読み手の興味を惹くことができるでしょう。

9 繰り返す

文章や単語の「繰り返し」も、上手に使うと「つかみ」のインパクトが増します。

たとえば、テキストサイト管理人のpatoさんが書いたWebマガジン『さくマガ』の記事「'89牧瀬里穂のJR東海クリスマスエクスプレスのCMが良すぎて書き殴ってしまった」の「つかみ」をご覧ください。

> 何も言わずに、まずはこのCMを見て欲しい。本当に、何も言わずに見て欲しい。とにかく見て欲しい。とにかく最高なので10回くらい見て欲しい。
> 『さくマガ』「'89牧瀬里穂のJR東海クリスマスエクスプレスのCMが良すぎて書き殴ってしまった」
> pato

これだけ「見て欲しい」と繰り返されると、「そこまで言うなら見たほうがいいのか」と思ってしまいますよね。

また、次の文章は、『Lifehacker』に掲載されていた「無駄な会議をグンと有意義にする2つのポイント」の「つかみ」です。

会議、会議、会議！　誰でも会議の多さに悩んでいます。何か問題が起きると、「どうしよう。そうだ、会議だ」と反射的に考えてしまうことが問題なのかもしれません。

『Lifehacker』「無駄な会議をグンと有意義にする2つのポイント」著者：Inc.［原文］

翻訳：春野ユリ

「誰でも会議の多さに悩んでいます」からはじめることもできますが、「会議、会議、会議」と繰り返して強調することで、会議がたくさんあってうんざりする感じが出ていて、視覚的にも読み手の目にとまりやすくなります。

⑩ オノマトペを使う

情景・シーンの描き方の手法にはさまざまあり、「これが正解」というものはありませんが、比較的取り入れやすいのは「オノマトペを使う」ことです。オノマトペとは、自然界の音や物事の状態などを音で表す擬音語や擬態語のこと。オノマトペを使うのは「禁じ手」という人もいるようですが、うまく使うと、臨場感のある「つかみ」になります。

たとえば、次はブレイディみかこさんのエッセイ「燃えよサイモン」の「つかみ」です。

> じゃーーーん、ちゃっ、ちゃっ、「ふわあああっ」、じゃーーーん、ちゃっ、ちゃっ、
> 「あたあーーーっ」、と扉を開けた途端に騒音が耳に飛び込んできた。
> いや、騒音ではない。オーケストラの演奏とブルース・リーの雄叫びが絡み合う、
> 『燃えよドラゴン』のテーマだ。
> 「サンクス！　カモン」

満面の笑みのサイモンにいざなわれて玄関から入ると、居間のソファに彼の甥っ子のジョーとその恋人が座っている。

「燃えよサイモン」（『ワイルドサイドをほっつき歩け』収録）ブレイディみかこ／筑摩書房

何やらにぎやかな様子が伝わってきて、「何が起きているのだろう?」と気になってきます。「じゃーーーん」から「飛び込んできた」までの1文を入れずに、

扉を開けると、オーケストラの演奏とブルース・リーの雄叫びが絡み合う、『燃えよドラゴン』のテーマが耳に飛び込んできた。


などとはじめたときと比べると、オノマトペを入れたほうが断然インパクトがあります。

「ガリガリッ」「カーン」「テッカテカ」……。オノマトペは無限に考えられます。伝えたい内容に合ったものを選んでみてください。

⑪ ナレーションを入れる

エッセイやノンフィクション、ノウハウを書く文章などの冒頭を、ナレーションのような「つかみ」にするのも1つの手法です。

文章全体の世界観を簡潔に伝えられますし、物語がはじまるような雰囲気になり、読み手の興味を惹くことができます。

その一例が、大ベストセラーになった書籍『嫌われる勇気』です。アドラー心理学の考え方を哲人と青年の対話を通じて伝えている1冊ですが、冒頭は次のような「つかみ」からはじまっています。

かつて1000年の都と謳われた古都のはずれに、世界はどこまでもシンプルであり、人は今日からでも幸せになれる、と説く哲学者が住んでいた。納得のいかない青年は、哲学者のもとを訪ね、その真意を問いただそうとしていた。悩み多き彼の目には、世界は矛盾に満ちた混沌としか映らず、ましてや幸福などありえなかった。
『嫌われる勇気』岸見一郎、古賀史健／ダイヤモンド社

ここまでうまく書くのは難しくても、いろいろなパターンのナレーションが考えられます。たとえば、次の例はどうでしょう（著者作成）。

これは、どこにでもいるような24歳の営業マンが出くわした、世にも奇妙な「お客」の物語である。
私はまだ知らなかった。この老紳士との出会いが、私の運命を変えることを――。

このようなナレーションを文章の冒頭に入れることで、読み手はその世界観に引き込まれていきます。

⑫ イベント仕立てにする

日常のささいな失敗やトラブルの話は、読み手の興味を惹く定番のネタ。さらに、「〇〇グランプリ」「△△選手権」といったイベント仕立てにすると、なんだか面白そうな文章になり、「つかみ」も書きやすくなります。

たとえば、次のように。

- 私がつくったマズい料理コンテスト
- これまで落としたもので最も高額なもの選手権
- お客様を怒らせた仕事の失敗グランプリ

そのお手本の1つが、北大路《きたおおじ》公子《きみこ》さんのエッセイ「よねー予想」の「つかみ」です。

数年前から我が家で繰り広げられている「次に何が壊れるか選手権」が、いよいよ混沌としてきた。これは文字通り「家の中で次に壊れそうな物」を予想する大会で、開催地は例によって私の脳内だ。

きっかけは立て続けに起きた家電の故障である。むろん、それ自体は仕方のないことだ。時は流れ、人は歳を取り、万物は流転する。物は古くなり、やがて壊れ、販売店に問い合わせると、電話の向こうで顔も知らぬ相手が切々と諸行無常を説いてくるのが常だ。曰く、

「部品はもう製造中止になっちゃってるんですよねー」

この「よねー」が切ない。物が壊れるのはいいとして、こんな無慈悲な「よねー」があろうかと思うのだ。

「よねー予想」（『ベスト・エッセイ2021』収録）北大路公子／光村図書出版

自宅の家電や住宅設備が次々と壊れたり、部品が製造中止で手に入らなくなったりするのは、経験のある人も多く、共感しやすいトラブルでしょう。それを「次に何が壊れるか選手権」というイベントのようにすることで、楽しそうな雰囲気の「つかみ」に仕立てあげています。

この手法は、かなり文章力の問われる「つかみ」のため、このレベルまでは難しいかもしれませんが、「面白そうにする」というエッセンスは取り入れたいところです。

13 「サスペンス」風にしてみる

ここまでは比較的取り入れやすい「ネタの料理法」についてお話ししてきましたが、慣れてきたら、中上級者レベルの「つかみ」の手法にもチャレンジしてみてください。

「サスペンス」風はその1つです。サスペンスとは、不安感や緊張感を醸し出して読み手をハラハラさせる物語のこと。自分の周りで起きた出来事を、サスペンス小説のように謎めいたスタイルで書いてみると、面白いつかみが生み出せることがあります。

お手本の1つとして、佐藤雅彦さんのエッセイ「楽と山椒魚」の「つかみ」をご覧ください。

ふいに隣に立っていた女性がうずくまった。都内の大学に向かう地下鉄の中でのことであった。もう夕方近くになっていて、そろそろ通勤客が増え出すという頃で、車内は、やや混んでいた。

私は、重いカバンを持ち、吊革につかまり、ぼんやりとしていた。私の斜め前には、頭髪も少なくなってきている一人の男性が座っていて、本を膝の上に広げていた。やや太めのその男性は、会社勤めの方のようではなく、かなりラフな身だしなみで、定年になって三、四年という雰囲気であった。

「栞と山椒魚」（『ベスト・エッセイ2021』収録）佐藤雅彦／光村図書出版

女性がうずくまったということは何か身体の調子が悪くなったことを想像させます。にもかかわらず、無反応の男性。よくある光景ですが、さて、その後、この女性はどうなるのか……。興味を惹かれませんか？

ちなみに、このエッセイで登場する女性がしゃがんだ理由は別のところにあり、話は読み手が想像しない方向へと展開していきます。それを「サスペンス」風に描いたことで興味を惹く「つかみ」になっています。

「サスペンス」風は、いろいろなパターンで使えます。たとえば、学校のＰＴＡ役員になったという話を書くとしましょう。「学校のＰＴＡ役員に指名されました」と普通に書くよりも、次のような謎めいた書き方によって、読み手は「いったい何が起こったのだろう?」と関心を惹く「つかみ」になります。


それは、1本の電話から始まった。

見慣れない固定電話の番号が通知されているのを見て、電話に出ると、息子と同じクラスの○○さんだった。

「こんにちは。じつは△△さん(私)にお願いしたいことがありまして……」


ほかの例として、社会人になってから旧友にバッタリ出会ったとしましょう。この場面も、「サスペンス」風の書き方にすると……。


その日の朝は、珍しく家を早く出た。

とくに何か用があったわけではなかったのだが、どういうわけか、早く出たほうがよい気がしたのだ。

いつもの最寄り駅に到着し、いつものホームの位置で電車が来るのを待つ。

滑り込んできた通勤電車のドアが開くと、どこかで見たことがあるような顔が降りてきた。

サスペンス小説をイメージして、作家になりきって楽しく書いてみると、面白そうな「つかみ」ができるかもしれません。

⑭「書簡体小説」風に書いてみる

「書簡体小説」とは、誰かに向けた手紙によって物語が展開していく小説のことです。たとえば、井上ひさしさんの『十二人の手紙』に収録されている、2つの書簡体小説の「つかみ」をご覧ください。

おとうさん、日本放送協会の集金人のお仕事はいかがですか。これまでは小学校の校長先生、おとうさんはいわば地元の名士でした。顔と名前とが町の隅ずみまで知れ渡り、行き交う人はみんなおとうさんに挨拶し、頭をさげて通りすぎて行きました。

それが定年で退職したとたん受信料の集金人、こんどはおとうさんのほうがだれかれの区別なく頭をさげ腰を低くして歩きまわらなくちゃならない。これまでとは勝手がちがうでしょうし、なによりかによりずいぶん辛いことが多いだろうとおもいます。でも、和子はおとうさんは偉いなあって、内心では舌を巻いているんですよ。

「里親」（『十二人の手紙』収録）井上ひさし／中央公論新社

幸ちゃん、この夏に予定していた北海道旅行は中止にしたいっていう、あなたの手紙、受け取りました。高校時代からたてていた計画なのにほんとうに残念だわ。でも仕方がない、わたしひとりで行ってきます。ひとりで北海道を七日も旅行できるかって。できるわよ。北海道にくわしいのはなにもあなただけじゃないわ。たとえばこんな作戦はどうかしら。どこかの旅の雑誌に「北海道にお住まいの方と文通を望みます。こちらは八月上旬に北海道を旅したいとおもっているＯＬ一年生」なんて名乗りをあげるわけ。へへへ。

「ペンフレンド」（『十二人の手紙』収録）井上ひさし／中央公論新社

同じように、内容によっては、誰かに手紙を書いている形式で書くと、一風変わった文章の「つかみ」となって読み手の興味を惹けるかもしれません。

たとえば、「天国のお母さんにあてた子育ての喜びや悩みに関する手紙」や「反抗期の子どもに対して親の気持ちをつづった手紙」。「子どものときに愛用していたおもちゃへの感謝の手紙」というように、ものを人に見立てて書いてみるのも面白いかもしれません。

ここまで紹介した作品の「秀逸なつかみ」のポイントを、自分で文章を書くときにも意識してみると、新たな文体と出会え、新鮮な気分で書けるかもしれません。あなたの文章の引き出しが増えることにもつながるでしょう。

ネタの持ちぐされがないか考えてみる

ここまでネタをうまく料理することで、読み手を惹きつける「つかみ」にする手法を紹介してきました。

しかし、そもそも文章のネタ自体が思い浮かばないという人もいるかもしれません。そんなときは、まず「ネタの持ちぐされ」がないか考えてみましょう。

「つかめるつかみ」の定義である「最初の数行だけで、何らかの期待を持つことができ、続きが読みたくなる」の「期待」には、「問題を解決したい」「知的好奇心を満たしたい」「心の栄養を得たい」の3つがありました。

この3つの「期待」のどれかに応えられるネタかもしれないのに、それに気づいていないことは少なくありません。自分の経験を棚卸ししてみると、案外つかめるネタが埋もれているものです。

「つかみ」を考えることに行き詰まったら、ネタから考え直すのも1つの手です。

では、「つかみに求められる3つの期待」をもとに、それぞれどんなネタがありそうか、一緒に考えてみましょう。

①「問題を解決したい」に応えるには

1つ目の「問題を解決したい」に応えるネタは、誰でも何かしら持っているものです。自分の詳しい分野で「何か教えられることはないか」とハードルを下げると、何かネタを思いつくことがあります。

②「知的好奇心を満たしたい」に応えるには

2つ目の「知的好奇心を満たしたい」に応えるには、**「素朴な疑問に答える」ネタ**がないかどうか考えてみましょう。

日常生活で感じる素朴な疑問。そんな疑問に答える文章をつくって、「つかみ」でもそのことを表現すると、読み手の興味を惹くことができます。

たとえば、興味を持たれやすいのは**「業界の裏側」**です。

自分が働いている業界については、自分にとっては当たり前でも、ほかの業界の人から見たら知らないことばかりです。その業界の裏側がわかる、と期待できるような「つかみ」だと、読み手の興味を惹くことができます。

日本や海外のアーティストを国内外に紹介しているギャラリスト・小山登美夫さんの『現代アートビジネス』の「つかみ」はその一例です。

> とかくアート業界にまつわる誤解は多い。
>
> アートはお金にならない。
> アーティストは貧乏。
> 画廊や画商には近寄りがたい。

現代アートはわけがわからない。

この本を手に取ってくださった方も、そんなふうに思った経験があるのではないでしょうか。

アート業界の一端に関わる身として、悲しい限りではありますが、無理もないかもしれません。

『現代アートビジネス』小山登美夫／アスキー・メディアワークス

「業界にまつわる誤解は多い」という1文から、「これまで誤解していた業界の真実を知ることができそう」と感じられ、先を読みたくなります。

ライターのきむらいりさんの「まちのパン屋は外で稼ぐ？ 娘が両親に聞いた、意外なお財布事情」の「つかみ」もご覧ください。

「町のパン屋はどうやって儲けているの？」両親が北海道でパン屋を営んでいるライ

ターのきむらいりが、そんな疑問を両親にぶつけます。ひとつ数百円のパンを売って生活を保つには、ただパンを作って売ればいいわけではないようで……。高校の購買、市役所の売店、さまざまな場所での外販売、イベント出店など、知られざるパン屋の裏側をご紹介します。

『ジモコロ（イーアイデム）』「まちのパン屋は外で稼ぐ？　娘が両親に聞いた、意外なお財布事情」きむらいり

かつて『さおだけ屋はなぜ潰れないのか？』（光文社）という本がベストセラーになったように、日常生活で目にする小さな商店のビジネスモデルに素朴な疑問を持っている人は少なからずいます。

この記事も「町のパン屋はどうやって儲けているの？」と素朴な疑問をストレートに「つかみ」にすることで、続きが知りたくなります。

しかも、もったいぶらずに「高校の購買、市役所の売店〜」などと本文の内容を打ち出しているので、具体的にどんなことが書かれているかがわかります。

読み手はせっかちですから、気になる情報は最初から出したほうが読んでもらえるで

しょう。

もう1つ、この例で参考にしたいのは、両親にたずねていることです。家族や友人など周囲の人に簡単な取材をすると、ネタのバリエーションが一気に広がります。


「学校の勉強は大人になっても役に立つのか」というのも、多くの人が感じたことのある素朴な疑問でしょう。

俵万智さんのエッセイ「たっぷりの栄養を」の「つかみ」は、そんな疑問に答えることで読み手の興味を惹いています。


高校で古典を教えていたとき、生徒からよく質問された。「先生、こんな昔のものを読んで、何か役に立つんですか？　文法とか古語とか覚えても、英語みたいに使えるわけじゃないし」。

英語なら、学ぶメリットはわかりやすいというわけだ。でも、そもそもそういう観点から質問が出るということ自体が、よろしくない。自分が授業をしていて言うのも何だが、それは古典の授業に、問題がある。語彙と文法を身に着けて解釈をし、現代語訳ができたところで一丁上がり。では次へ……。これではまさに外国語。でもタイムマシンに乗って過去の世界に行けるわけじゃない。だったら飛行機で行ける海外の言葉を学んだほうがずっと楽しいし、役に立つ……よね?

「たっぷりの栄養を」(『ベスト・エッセイ2020』収録) 俵万智/光村図書出版

この「つかみ」で注目したいのは、**「読み手の疑問を受けとめる」**書き方だということです。

「古典が将来何の役に立つのか?」という疑問に対して、俵さんはいきなり「そんなことはありません。役立ちます」と言うのではなく、「だったら飛行機で行ける海外の言葉を学んだほうがずっと楽しいし、役に立つ……よね?」と読み手に寄り添い、疑問に理解を示すようなことを述べています。

そうすることで、読み手は「書き手は自分の疑問を理解してくれている」と感じ、信頼できる書き手という印象を持ちます。「読み手の疑問を受けとめる」という手法は、ほかのタイプの疑問でも応用が効くでしょう。

③ 「心の栄養を得たい」に応えるには

3つ目の「心の栄養を得たい」に応えるネタには、いくつかのパターンが考えられます。

その1つが、**「ダメだった自分をさらけ出す」**ことです。

今はバリバリ仕事をしているけれども、新人時代はダメ社員だった。今では人前で堂々と話せるようになったけれど、昔は緊張で震えていた。今では水泳が得意だけれども、昔はまったくのカナヅチだった……。

「前はできなかったけれど、今はできるようになった」というエピソードは、読み手を元気にします。読み手に「今はダメでも、自分も頑張れば明るい未来が待っているかもしれない」と思わせてくれるからでしょう。

たとえば、次は佐々木典士さんの『ぼくたちは習慣で、できている。』の「つかみ」です。

ぼくはいつも自分のことを「才能がない」と思っていた。

何をやっても真剣に続くことはなく、スポーツでも勉強でも大した結果は残せなかったからだ。しかし習慣を学んでいくにつれて考えが変わった。今の自分に才能があるかどうかなんて、大した問題じゃない。
才能は「与えられる」ものではなく、習慣を続けた果てに「作られる」ものだからだ。

『ぼくたちは習慣で、できている。』佐々木典士／ワニブックス

自分には「才能がない」と悩んでいる人にとっては、元気づけられるエピソードでしょう。そんなエピソードを持っていたら、「つかみ」に持ってくると、読み手に元気を与えることができます。

また、**「人間関係の不満や悩み」**も、読み手の興味を惹きやすいネタの1つです。

社会生活を送っていると、誰でも人間関係で不満や悩みを抱えるものです。誰にも言えずに1人でモヤモヤしていると、イライラが募ったり、気持ちが沈んできたりします。

そんなときに、自分と同じようなことで不満や悩みを抱えている文章の「つかみ」を読

むと、読み手は「わかる、わかる」「私も疑問に思っていた」と共感し、その先の文章も読み進めたくなります。誰かが代弁してくれることで、溜飲が下がるのです。

そうしたネタを文章の「つかみ」に持ってくると、読み手の共感を呼ぶことができます。

たとえば、『PRESIDENT Online』に掲載されていた次の記事をご覧ください。

職場のやりとりでは、心の中では思っていても、口に出してはいけない「NGワード」がある。スピーチライターのひきたよしあきさんは「『こうなると思っていた』『だから言ったのに』という言葉は要注意。特に上司がそんなことを言えば、部署の空気は急速に悪くなってしまう」という。ひきたさんの著書『人を追いつめる話し方 心をラクにする話し方』（日経BP）より、2つのケースを紹介しよう——。

『PRESIDENT Online』「『私はこうなると思ってた』職場の全員から総スカンを食らう〝言ってはいけないNGワード〟」ひきたよしあき

記事の対象は、「こうなると思っていた」「だから言ったのに」という言葉をやめたい人のように見えますが、むしろ読むのは「こうなると思っていた」などと上司や先輩に言われている人でしょう。そうした言葉遣いをするのをやめるべきだと言われている文章を読んで、溜飲を下げられるというわけです。

また、深爪さんのエッセイ「あだ名が苦手」の「つかみ」も見てください。

人をあだ名で呼び始めるタイミングがわからない。

きのうまで「佐藤さん」と呼んでいた人にいきなり、「あれ？　サトちゃん、髪切った？」と話しかけられる人はなんらかの感覚器官がやられているとしか思えない。

そんなことをしたら、「おまえの〝ちゃん〟づけを許せるほど、まだ心開いてないけど？」と思われやしないかと不安になってしまう。

仲よくなるためにあだ名で呼びたいのに、むしろ険悪な関係になってしまうのではないかと心配になるのだ。

こんな人間なので、同時期に知り合った同士がいつの間にかあだ名で呼び合っているのに、私だけはいつまで経ってもお互い「さんづけ」ということがよくある。

「あだ名が苦手」（『深爪流　役に立ちそうで立たない少し役に立つ話』収録）深爪／ＫＡＤＯＫＡＷＡ

人との微妙な距離感に関して、同じことを考えたことがある人もいるのではないでしょうか。こうしたことは、よほど仲がいい人にしか言えず、モヤモヤしている人は少なくないので、それを文章にすると、読み手にとっては「心の栄養」になることがあるわけです。

「心の栄養を得たい」に応えやすいものとしては、**「ノスタルジーをくすぐるネタ」**もその1つです。

駄菓子屋や懐メロ、古いアニメ、昔の街並みが残る飲み屋街など、昔懐かしいものを好む人は少なくありません。自分が若かった時代のものを見ると、どこか安心します。懐かしいものから自分の過去を思い出し、感傷的になることもあるでしょう。若い世代には興味を持たれにくいので、読み手は限定されますが、刺さる世代には非常に刺さるネタです。

たとえば、次は永田紅さんの「代本板とＺｏｏｍ」の「つかみ」です。

小学生になった娘が、学校の図書室から本を借りてくる。個人カードを機械でピッと読み取って貸し出しの管理をしてもらっていると聞き、ふいに、私の子ども時代にあった「代本板」を思い出した。

木製の直角台形の板で、側面に学年、組、名前が書いてある。この板をもって図書室へゆき、借りたい本を抜いたあと、空いた隙間に差し込む。まさに、本の占めていた空間を埋める、物理的代用物。板の手触りが懐かしい。

「代本板とZoom」（『ベスト・エッセイ2021』収録）永田紅／光村図書出版

「代本板」と聞いて懐かしさを覚える世代の人にとっては「ああ、そんなのもあったなあ……」と自分の学生時代に思いを馳せるきっかけになります。昔を思い出しながら「何が書かれているのだろう？」と、その先を読みたくなるでしょう。

また、くどうれいんさんのエッセイ「雪はおいしい」の「つかみ」をご覧ください。

雪はおいしい。

小学生一年生のとき、学校までの四キロを比較的家の近い男の子ふたりと歩いて通っていた。当時、合併していなかったからここは村だった。広大な学区のなかでも田んぼと墓とパチンコしかない開拓地に点々と住んでいた我々は、入学してからずっと三人で通学していた。村に歩道はあってないようなもので、車道の白線ぎりぎりを縦一列に並びながら、春はたんぽぽを、夏ははこべらを、秋は露草を踏みしめながら通学していた。

「雪はおいしい」（『うたうおばけ』収録）くどうれいん／書肆侃侃房

子どもの頃に雪を食べたことがある人は少なくないのでは？「雪はおいしい」のひと言で、当時の記憶がよみがえってきて、郷愁を誘います。「自分はこうだったけど、くどうさんはどんな経験をしたのだろうか」と続きを読みたくなります。

2行目の「小学生一年生のとき」からはじめても、ノスタルジーをくすぐることはできますが、「雪はおいしい」というひと言からはじめたほうが、「つかみ」としてインパクトがあります。

文章を書くとき、とくに「つかみ」に行き詰まったときは、ネタの持ちぐされがないかどうか考えると、突破口が開けるかもしれません。

第4章

「つかみ」を書くための5つのステップ

～プロットをつくる過程で「つかみ」は生まれる～

「つかみ」をつくる王道の5つのステップ

第3章で「つかみ」のパターンについて紹介しましたが、実際に、自分が文章を書くときに、どのようなプロセスで「つかみ」をつくればいいかわからない、という人もいるかもしれません。そこで、この章では「つかみ」をつくる王道のステップをご紹介します。

具体的には、次の5つのステップです。

- ステップ1　目的をはっきりさせる
- ステップ2　要素を出して、何を書くか・書かないかを考える
- ステップ3　プロットをつくり、「つかみ」を考える
- ステップ4　文章を書きながら、「つかみ」を考える
- ステップ5　推敲して、「つかみ」を磨く

第2章で「つかめるつかみ」の条件として、次の2つをあげました。

- 最初の数行だけで、何らかの期待を持つことができ、続きが読みたくなる
- 全部読んだときに、「期待に応える文章だった」と感じられる

これら両方を満たすためには、単に「つかみ」のことだけを考えるのでなく、文章全体を意識したうえで「つかみ」を考えていくことが大切です。これから紹介する5つのステップを踏んで文章をつくっていくことで、自然とできるようになります。また、第2章で取り上げた「つかめないつかみ症候群」に陥ることも防げます。

ステップ1　目的をはっきりさせる

ステップ1は、「目的をはっきりさせる」ことです。「目的」をより具体的にすると、次の3つの要素があげられます。

- テーマ：何を書くのか
- 読み手：誰に読んでもらうのか
- メッセージ：この文章を通して、読み手に何を伝えたいのか

たとえば、ブログやｎｏｔｅに「函館旅行」での出来事を書くとしたら、次のような感じでしょうか（次の例は、あえて粒度を粗くしており、詳細はステップを経ながら詰めていきます）。

- テーマ：2泊3日の函館旅行がとても充実して楽しかったこと
- 読み手：自分と同年代の40代くらいの人
- メッセージ：旅行での驚きや函館のよさ、面白さを共有したい

最初にこれら3つをはっきりさせておくことで、ステップ2以降で「つかみ」をはじめとした文章を書いていくときに、方向性がブレることが少なくなります。

とくに「つかめないつかみ症候群」のうち、「読み手の興味とズレたネタを選ぶ」症候群と、「本題と『つかみ』がかみ合っていない」症候群を改善できるでしょう。

テーマやメッセージは、できるだけシンプルにして1つに絞る

テーマやメッセージのポイントは、できるだけシンプルにし、1つに絞ることです。

テーマやメッセージが複雑だったり、長くなったりするのは、頭の中が整理されていない証拠です。

たとえば、テーマが、

・2泊3日の函館旅行で、まずは五稜郭を見たあと、昼にハセガワストアのやきとり弁当を食べて驚き、温泉も堪能し、夜の海鮮料理もおいしかったが、またハセガワストアのやきとり弁当の違う味を食べてハマった、充実した3日間の話

となると、何がポイントなのかよくわかりません。

できれば、

・函館旅行で毎日食べるくらい「やきとり弁当」にハマってしまった

程度に、ひと言、もしくは1文でまとめましょう。文字数で言えば、30〜40字程度までに抑えたいところです。

たとえば、最近、私が担当した記事のテーマとメッセージは次のようなものです。

- テーマ：会社を辞めずに、地方企業でオンライン副業をしている話
- メッセージ：地方企業で副業をすると、本業だけでは得られないメリットがある
- テーマ：築135年の古民家をリノベーションで再生した
- メッセージ：リノベーションをうまく活用すれば、自分の好きな空間を生み出せる
- テーマ：家計簿を細かくつけすぎると、家計簿が続かなくなる
- メッセージ：家計簿のつけ方を見直して、家計に余裕を生み出してほしい

これぐらいシンプルに絞ると、プロットをつくりやすくなり、「つかみ」や文章全体を考えやすくなります。

読み手は「実際にいる人」を思い浮かべる

せっかく書いた文章は多くの人に読んでもらいたいものです。そのため、読み手の層を

広げたいと考える人は多いと思います。しかし、「特定の読み手」に絞ることをおすすめします。

読み手を広くしすぎると、誰にも響かない文章になりやすいからです。万人に響く文章もありますが、内容によっては、男性と女性、10代と60代で刺さる文章は異なります。ブログやnoteに書くエッセイのように、明確な読み手が設定しにくいものもありますが、絞ったほうが読み手の興味を惹く「つかみ」や文章となるでしょう。

ビジネスでは、商品やサービスの象徴的なユーザー像として「ペルソナ」を設定します。「ペルソナ」とは年齢や居住地、家族構成、年収、職業、性格、趣味などを細かく定めた、想定顧客像のことです。しかし、ペルソナはあくまで想像上のものです。設定した人物像がズレていると、誰にも響かない文章になってしまいます。

そこでおすすめするのは、文章を書くときには「実在する人物を思い浮かべる」ことです。

「中学の頃からの友人・Aさん」「大学時代のサークルの後輩・Bくん」「会社の同僚のCさん」「取引先の営業マン・Dさん」など、文章を読んでほしい人にできるだけ近い人を読み手に設定するのです。

私自身、これを実践しています。経営者向けのメディアなら、「何度か取材しているW社長」、女性誌なら「取引先のXさん」と思い浮かべていますし、旅慣れたシニア旅行者向けの媒体なら「先日お話をうかがったYさんとZさん」というように、2～3人を想定することもあります。

実在の人物だと、「この『つかみ』では、○○さんはあまり反応しない気がする。こっちのほうがいいかな」というように、読み手の心理を考えやすくなります。

私の知人のライターは、特定の人物を想定して記事を書いたら、何も連絡していないのに、その人物から「あの記事を読んだよ。いい内容だった」と連絡を受けたことがあるそうです。特定の人物を想定すると、それだけ訴求力のある「つかみ」や文章になるというわけです。

ステップ2　要素を出して、何を書くか・書かないかを決める

「テーマ」「メッセージ」「読み手」が明確になったら、次はステップ2で「要素」を出します。

あなたが書く文章にはどんな要素があるかを、箇条書きレベルでかまいませんので書き出すのです。

たとえば、函館旅行に行った話を書くなら、

- 2泊3日のはじめての函館旅行
- まずは五稜郭に行った。五稜郭タワーに上り、五稜郭を堪能
- 昼はハセガワストアのやきとり弁当を食べた。やきとりなのに豚だった。塩味。安くておいしい！

- 午後は土方歳三函館記念館や北海道坂本龍馬記念館で幕末気分にひたる
- 宿は、湯の川温泉の○○荘に泊まった
- 露天風呂の温泉に入って、肌がすべすべになった
- 食事は新鮮な海鮮料理が出ておいしかった
- 2日目は朝市に行った。朝から海鮮丼を食べた
- その後は赤レンガ倉庫をブラブラした。置き物を買った
- 昼食はまたハセガワストアのやきとり弁当を食べた。ハマった。今度は旨辛味
- 午後はハリストス正教会や八幡坂などをブラブラする
- 夜はロープウェイで函館山の展望台に上り、日本三大夜景を楽しんだ
- 3日目の朝、どうしても食べたくなり、やきとり弁当。今度は定番のタレ味。これもうまい！
- トラピスチヌ修道院に行って、雰囲気を堪能した
- 充実した3日間だった

などというように羅列するのです。

この段階では、まだどの要素が「つかみ」になるかなどはわからないので、ひとまず要素を出せるだけ出してみましょう。

出し切った要素はカテゴリー別に分類すると、よりわかりやすくなります。たとえば、函館旅行なら1日目、2日目という分け方以外にも、行ったところや食べたものなどで分けることもできるでしょう。

行ったところ（幕末関連）

- まずは五稜郭に行った。五稜郭タワーに上り、五稜郭を堪能
- 午後は土方歳三函館記念館や北海道坂本龍馬記念館で幕末気分にひたる

行ったところ（函館の歴史的建造物、その他）

- 2日目の朝食後は赤レンガ倉庫をブラブラした。置き物を買った
- 2日目の午後はハリストス正教会や八幡坂などをブラブラする
- 2日目の夜はロープウェイで函館山の展望台に上り、日本三大夜景を楽しんだ

・3日目、トラピスチヌ修道院に行って、雰囲気を堪能した

泊まったところ

・宿は湯の川温泉の○○荘に泊まった
・露天風呂の温泉に入って、肌がすべすべになった

食べたもの

・1日目。昼はハセガワストアのやきとり弁当を食べた。やきとりなのに豚だった。塩味。安くておいしい！
・1日目の食事は新鮮な海鮮料理が出ておいしかった
・2日目は朝市に行った。朝から海鮮丼を食べた
・2日目の昼食はまたハセガワストアのやきとり弁当を食べた。ハマった。今度は旨辛味
・3日目の朝、どうしても食べたくなり、やきとり弁当。今度は定番のタレ味。これもうまい！

要素はツリー構造でまとめてもよいですし、マインドマップのようなツールを使ってもよいでしょう（私はマインドマップを使って、要素を分類しています）。

要素を出しまとめていると、「こんなテーマがいいのでは」「やっぱり違うメッセージを伝えたい」といったことが見えてきます。

たとえば、函館旅行の例で言えば、これだけ毎日やきとり弁当を食べているのだから、いっそのこと「やきとり弁当」にテーマを絞って文章を書いたほうが、エッジが立ちます。その場合は、ステップ1に戻って考え直してみましょう。

すると、テーマやメッセージは次のようになります。

- テーマ：函館のやきとり弁当がおいしくてハマった件
- 読み手：食べ歩き好きな友人のAさん
- メッセージ：B級グルメだけど、函館旅行ではぜひ押さえてほしい。とにかくおいしいからそのうえで、あらためて「やきとり弁当」について、要素を出してみるのです。たとえば、次のように並べてみます。

- ハセガワストアというローカルコンビニに、やきとり弁当がある
- やきとりなのに豚。道南エリアでは「やきとり」というと豚串を指す。函館を舞台にした映画「居酒屋兆治」で高倉健さんが焼いていたのも豚串
- タレ、塩、塩ダレ、旨辛、みそダレの5種類がある。それぞれうまい
- しかも500円程度とリーズナブル
- 函館旅行で、この「やきとり弁当」にハマってしまった。毎日食べていた。最終日の朝も食べたぐらい

こうして要素を出してみると、なんとなく「こんなふうに書けばいいかな」というイメージが湧いてくるはずです。

ステップ3　プロットをつくる

要素を出した次のステップで、私がおすすめするのは「プロットをつくること」です。「プロット」とは、文章を書きはじめる前の、簡単な文章の構成のことです。要素を矢印でつないで、プロットの流れを視覚化しています。

たとえば、函館旅行のやきとり弁当の話を書くなら、次のように「プロット」をつくります。

- ハセガワストアというローカルコンビニに、やきとり弁当がある

←

- 函館出身のロックバンドの「ＧＬＡＹ」が絶賛したことで有名になった

←

- やきとりなのに豚。道南エリアでは「やきとり」というと豚串を指す
←
- 函館を舞台にした映画「居酒屋兆治」で高倉健さんが焼いていたのも豚串
←
- その場で焼いたアツアツの豚串を、のりを敷き詰めた白米に乗せる
←
- タレ、塩、塩ダレ、旨辛、みそダレの5種類がある。それぞれうまい（詳しく説明）
←
- しかも500円程度とリーズナブル
←
- 函館旅行のときに、この「やきとり弁当」にハマってしまった。毎日食べていた。最終日の朝も食べたぐらい
←
- 焼く時間がかかるけど、地元の人たちと弁当を待つと、ここに住んでいるような気分
←

・函館にはおいしいものがたくさんあるけど、こういうB級グルメもおすすめ！

「プロット」は、文章を書く際の羅針盤とも言えます。文章を書く前に「プロット」をつくっておいて、それに沿って文章を書き進めることで、文章を書きながら構成が崩れるのを防げます。「本題と『つかみ』がかみ合っていない」症候群も改善できるでしょう。

そして、「つかみ」も、プロットをつくる段階で考えるのがおすすめです。第3章でお話しした「最もおいしいネタを前に持ってくる」や、数字を入れるなどの「ちょっとしたアクセントを加える」などは、このプロットの時点であれこれ考えられます。

たとえば、やきとり弁当の話ならば、次のように「函館旅行で毎日食べるほどハマったこと」を「つかみ」に持ってきてはどうでしょうか。

・函館旅行のときに、「やきとり弁当」にハマってしまった。毎日食べていた。最終日の朝も食べたぐらい

↓

・やきとり弁当とは、ハセガワストアというローカルコンビニの弁当

・函館出身のロックバンドの「GLAY」が絶賛したことで有名になった
（以下省略）　←

すると、「そんなにハマるなんてどんな弁当なんだろう？」と読み手の興味を惹くことができるでしょう。

もしくは、次のように、セリフからはじめるのもよいかもしれません。

・「やきとり弁当ですね。20分ほどお待ちいただいてもよろしいでしょうか？」と店員さんに言われ、私は「大丈夫です！」と即答した。やきとり弁当のためなら1時間でも待ってもいい　←

・函館旅行で、この「やきとり弁当」にハマってしまった。毎日食べていた。最終日の朝も食べたぐらい　←

- やきとり弁当とは、ハセガワストアというローカルコンビニの弁当
- 函館出身のロックバンドの「ＧＬＡＹ」が絶賛したことで有名になった ←

（以下省略）

プロットなら、文章を全部書くのとは違って文字数もそれほど多くないので、いろいろなパターンが考えられます。すると、どのような構成がいいかを比較検討しやすくなります。

まずは「スタンダードなプロット」をつくってみることから

最初から理想的な「つかみ」から入る完璧なプロットができればベストですが、そんなプロットはなかなかできないものです。

まずは「スタンダードなプロット」をつくってみましょう。

「スタンダードなプロット」とは、「文章のつかみや構成に凝らない、ごく平凡なプロッ

ト」のこと。食べ物でたとえれば、味付けやトッピングをしていないプレーンヨーグルトや、何の具も乗っていないかけそばのようなイメージでしょうか（196ページのやきとり弁当のプロットもその一例です）。

「スタンダードなプロット」をつくったら、そのうえで、第3章でお話しした「ネタをどう料理するか」を考えてみましょう。この手順を踏むと、文章の構成を一度つくっているので流れが明確になるのはもちろん、アレンジしても構成が崩れにくく、読み手の興味を惹く「つかみ」もつくりやすくなります。

私は、ライターとしておそらくベテランの域に入った今でも、文章を書く前に「スタンダードなプロット」をつくるようにしています。

実際の「スタンダードなプロット」の例をお見せしましょう。次は、あるビジネス誌に掲載された経営者のインタビューの原稿を書く前につくった「スタンダードなプロット」です（※多少加工してあります）。

文章を書く前に、次のような目的を設定し、「プロット」をつくりました。

目的

- テーマ：老舗A社の経営戦略
- 読み手：雑誌の読者対象は40〜50代のビジネスパーソン。とくに知り合いの47歳の会社員のKさん
- メッセージ：過去に固執しない・歴史にとらわれない会社が生き残る

プロット

- （現在）A社は○○を取り扱っている会社
↓
- （過去）創業330年を迎えた。かつては日本最古の○○商。△△を発明した
↓
- （過去）なぜ生き残れたのでしょうか？「常に新しいことをしてきたから」
↓
- （過去）新店&ブランドも一新した
↓

●（行動の背景にある考え方1）お客様が求めることは時代によって違う。弊社も時代に合わせて新しいことをどんどんやらないといけない

↓

●（行動の背景にある考え方2）だから、歴史にとらわれたくないと考えている。事あるごとに「過去は大事にしなくていい」『昨年、こんなことをやりました』なんて聞きたくもない」と社員に言っている

このような「スタンダードなプロット」をもとに、何を「つかみ」に持ってくるのがよいかを考え、それに合わせて「プロット」を次のような順番に変えました（変更した部分は背景の色を変えてあります）。

●（現在）A社は○○を取り扱っている会社

↓

●（過去）創業330年を迎えた。かつては日本最古の○○商。△△を発明した

↓

●（行動の背景にある考え方2）歴史にとらわれたくないと考えている。事あるごとに「過去は大事にしなくていい」「『昨年、こんなことをやりました』なんて聞きたくもない」と社員に言っている

←

●（行動の背景にある考え方1）お客様が求めることは時代によって違う。弊社も時代に合わせて新しいことをどんどんやらないといけない

←

●（過去）新店＆ブランドも一新した。

←

●（生き残れた理由）「常に新しいことをしてきたから」、生き残れた

また、次のようにコメントを「つかみ」に据えてもよさそうです。

●（行動の背景にある考え方2）歴史にとらわれたくないと考えている。事あるごとに「過去は大事にしなくていい」「『昨年、こんなことをやりました』なんて聞きたくもな

い」と社員に言っている

●（現在）A社は○○を取り扱っている会社

↑

●（過去）創業330年を迎えた。かつては日本最古の○○商。△△を発明した

↑

●（行動の背景にある考え方1）お客様が求めることは時代によって違う。弊社も時代に合わせて新しいことをどんどんやらないといけない

↑

●（過去）新店&ブランドも一新した

↑

●（生き残れた理由）「常に新しいことをしてきたから」、生き残れた

このように、まず「スタンダードなプロット」をつくると、「何を『つかみ』に持ってくればいいか」「最もおいしいネタを前に持ってくるか」を考えやすくなります。何も書

いていない状態から「つかみ」を考えるよりも、たたき台となる「プロット」があったほうが、アイデアも浮かびやすくなります。

ちなみに、次が「プロット」をもとに書き、ビジネス誌に掲載されたインタビューの原稿です（一部要約して改編してあります）。

弊社は、江戸時代に開業した日本最古の○○商です。発明品もあり、330年の伝統を受け継いできました。

しかし、私は社員にこう伝えています。

「過去は大事にしなくていい」「『昨年、こんなことをやりました』なんて聞きたくもない」と。

先人を軽んじているわけではありません。何より大切なのは、お客様に喜んでいただくこと。そのためには、過去の踏襲に甘んじることなく、今日を一生懸命生きることが重要だと考えています。

お客様の求めるものは時代によって変わってきますから、当然、当社もそれに合わせて変わらなければなりません。そう考えると、過去をひきずっているわけにはいかないのです。

当社の歴史を振り返ると、新たな挑戦を絶えず繰り返してきました。

老舗と言うと創業からの歴史を守っているように思えるかもしれませんが、現状維持をするだけでは、常連のお客様にも「古くなった」と思われてしまいます。

人間の感覚は時代と共に変わるものです。古いと思われないためには、商売を受け継いだ人たちが時代に合わせた取り組みをすることが大切です。

そして、その積み重ねを振り返ったら、結果的に、歴史になっているのだと、私は考えています。


「プロット」に沿って文章を書いていくと、スムーズな流れで原稿ができるわけです。書いている途中で迷うことが少なくなることで、書く時間が短くなるのも大きなメリットです。

「スタンダードなプロット」の3つのパターン

「スタンダードなプロット」にはいくつかのパターンがあります。私がよく使うのは次の3つです。

時系列

起きた出来事の順番に並べていくパターンです。これは、それほど説明しなくても、なじみがあるのではないかと思います。たとえば、友人がパン屋さんを開店したという話を例にすると、次のような順番になります。

- 友人の鈴木さんは、子どものときからパンを焼くのが好きで、いつか自分のお店を持

ちたいと思っていた

↓

- パンの専門学校にはいかず、親のすすめで、大学の法学部に入学した
- 安定した仕事に就こうと信用金庫に就職した
- しかし、自営業のお客様と触れ合ううちに、自分のお店を持つ夢を叶えたいと、31歳のときに信用金庫を退職

↓

- 人気のパン屋さんで、5年間、パンづくりの修行をした

↓

- 独立して自分のパン屋さんをオープンしたのは36歳のとき

↓

- 固定のお客様がいない状態で店を出したので、最初は赤字続きだった
- しかし、徐々に口コミで広がり、リピーターが増えた

↓

- 自店のパンを楽しみにする人を1人でも多く増やしたい

現在・過去・未来

現在、過去、未来の順番で並べるパターンです。企業や人物などの話を書くときにまとめやすいプロットです。次はその例です。

（現在）

- 友人の鈴木さんはパン屋さんを営んでいる

↓

（過去）

- 子どものときからパンを焼くのが好きで、いつか自分のお店を持ちたいと思っていた
- しかし、安定を求めて信用金庫に就職した
- 自営業のお客様と触れ合ううちに、自分のお店を持つ夢を叶えたいと、31歳のときに信用金庫を退職
- 人気のパン屋さんで、5年間、パンづくりの修業をしてから独立した

- パン屋さんをオープンしたのは36歳のとき
- 固定のお客様がいない状態で店を出したので、最初は赤字続きだった
- しかし、徐々に口コミで広がり、リピーターが増えた

←

（未来）

- 自店のパンを楽しみにする人を1人でも多く増やしたい

202ページで取り上げた老舗企業の例は、このパターンがベースになっています。現在・過去・未来に、「考え方」を加えています。

「現在」の内容にインパクトがある場合は、それが十分「つかみ」になることもあります。

わかりやすい順

こちらは特定のパターンがあるわけではありません。文章の構成要素のなかから、どの話から説明するとわかりやすいかを考えて、順々につないでいきます。196ページのや

きとり弁当のプロットは、まさにこのパターンです。

「時系列」「現在・過去・未来」「わかりやすい順」の3つのプロットは、書こうとしている内容に合わせて選ぶとよいでしょう（「この内容なら、このパターンでなくてはいけない」ということはありません）。

「プロット」をつくるときは、1つの項目に要素を詰め込みすぎない

どのパターンの「プロット」をつくるにしても共通するポイントは、箇条書きの1つの項目に、要素を詰め込みすぎないようにすることです。

「子どものときからパンを焼くのが好きで、自分のお店を持ちたいと思っていたが、安定を求めて信用金庫に就職したのち、やはりあきらめきれず、人気店での修業を経て自分のお店を開いた」というように、1文に複数の要素を詰め込むとわかりにくい「プロット」になります。

また、同じテーマの話は1か所にまとめることも重要です。たとえば、次の文章をご覧ください（わかりやすいよう、かなりシンプルにしています）。

- 私は、犬と猫では猫のほうが好きだ（A：猫が好きな話）
- でも、最近は犬も同じぐらい好きになりはじめている（B：犬が好きな話）
- 私が猫を好きなのは、しぐさがかわいいからだ（A：猫が好きな話）
- 犬が好きなのは、人懐っこいからだ（B：犬が好きな話）

このように話題がA→B→A→Bと行ったり来たりするとわかりにくくなります。それよりは、次のように犬と猫の話題をそれぞれまとめたほうがわかりやすくなります。

- 私は、犬と猫では猫のほうが好きだ（A）
- 猫が好きなのは、しぐさがかわいいからだ（A）
- でも、最近は犬も同じぐらい好きになりはじめている（B）
- 犬が好きなのは、人懐っこいからだ（B）

プロットの項目が多くなるほど、話題が行ったり来たりしやすいので、気をつけましょう。

起承転結、序破急、三幕構成は使うべき？

プロットや文章の構成というと、必ず出てくるのが「起承転結」「序破急《じょはきゅう》」「三幕構成」問題です。

あらためて確認すると、「起承転結」とはもともと漢詩の構成のことです。そこから転じて文章構成の基本的な型としても使われるようになりました。「起」でこれからどんな物語を書くかを説明し、「承」で物語の続きを書く。「転」で物語にハプニングなどの展開を加え、「結」で物語のオチをつける、という構成です。

「序破急」とは、もともと雅楽《ががく》の構成を表す言葉で、こちらも文章の構成の型としても用いられるようになりました。「序」はゆるやかに話をはじめ、「破」で話を展開し、「急」で急テンポでオチに向かっていく、といった構成を指します。

「三幕構成」は映画などの脚本の構成のこと。序破急に似ていて、「設定」「対立」「解決」

の3つで構成することを意味します。また、作家の丸谷才一氏は、『文章読本』（中央公論新社）のなかで、「緒論・本論・結論」という文章の三分法を取り上げており、これも近い構成と考えてよいでしょう。

プロットをつくるとき、これらの型にあてはめるのも1つの方法です。それが合うなら、使うのもよいと思います。

ただ、正直な話をすると、私はライターになってから、最初にどの型にあてはめるかを考えながら文章を書いたことがありません。

というのも、「起承転結」がいいか、「序破急」がいいか、それとも別の型がいいのかはケース・バイ・ケースだからです。構成についていろいろ考えた末、「起承転結」になっていたということはありますが、最初から「起承転結」にあてはめようと考えると、むしろ思考を縛ってしまうと思っています。

実際には、ほとんどの場合、前項で述べたように「わかりやすい順」を念頭に、オーダーメイドでプロットを考えています。

前出の丸谷才一氏も、『文章読本』のなかで、次のように述べています。

（前略）是が非でも起承転結の型にはめなくちやならぬといふ法はない。いや、この四分法だけでなく、三分法（緒論・本論・結論とか、アリストテレスの『詩学』の、始め・半ば・終りとか、あるいは雅楽や能楽の、序破急とか）や五分法（西洋古代の修辞学の、序論・陳述・論証・反論・結論）や、およびそれに類した規制のどれかを取つて、文章構成の普遍的な規則としようとするのはもともと無理な話なのである。

（中略）

三分法とか四分法とか五分法とか、頭から決めてかかるのはよして、まづ自分の書くべき総体を見わたし、それを一かたまりごとに分けて、順序よく書き記してゆけばそれでいいのではなからうか。

『文章読本』丸谷才一／中央公論新社

文章の構成を無理に型にあてはめようとすると、思考が狭まりうまくいかないことも少なくありません。その文章の目的やメッセージに合わせて柔軟に考えるようにするのがよいでしょう。

ステップ4　文章にする

プロットができたら、その構成に沿って文章を書いていきます。「つかみ」に関しても、ここでしっかり書いていくことになります。とくに「つかめないつかみ症候群」のなかでも、「『つかみ』が冗長で、ダラダラしている」症候群は推敲によって改善できます。書いてみると、「やっぱりこの『つかみ』はちょっと違うかも？」と思うことがあるかもしれません。いくつか試して、どの「つかみ」もうまくいかない……となることもあります。

そんなときは、ひとまず「つかみ」を書くことは置いておいて、最後まで文章を書き切ることをおすすめします。私は何度も経験があるのですが、「つかみ」の部分でずっと止まっていると、部分最適に陥ってしまい、全体とズレた「つかみ」になりがちだからです。何より、文章がいつまでたっても完成しなくなります。

とにかく全文を書き切ると、全体像が鮮明になってきて、「つかみ」についても検討しやすくなります。すると、本当に「これだ！」という「つかみ」にたどりつきやすくなります。

もし、「プロット通りに『つかみ』を書くと論理展開がおかしい」といったことに気づいたら、いったんステップ1の「目的をはっきりさせる（テーマ・読み手・メインメッセージを考える）」やステップ3の「プロットをつくる」に戻ってみましょう。

行ったり来たりすることで、自分で気づいていなかった「つかみ」も浮かんでくるのはよくあることです。

ステップ5　推敲する

文章を書き上げたら、必ず「推敲《すいこう》」しましょう。推敲することで、「つかみ」に関しても、「せっかく全体の内容は面白いのに、書き出しが冗長でその先を読んでもらえない」なんてケースに気づくこともあります。

推敲の際には、とくに「ムダな文章を削る」「難解な言葉をわかりやすい言葉に変える」の2つのポイントを意識しましょう。

ムダな文章を削る

まずは「ムダな文章を削る」。たとえば、私が創作した次の「つかみ」をご覧ください（※『国土交通白書』の記述を一部参照）。

近年、異常気象は激しさを増し、頻度も高くなっています。

たとえば、水害や土砂災害などの気象災害をもたらす豪雨は、長期的に見て、雨の強さや頻度などの降り方が変わってきているといえます。

気象庁によれば、1日の降水量が200ミリ以上の大雨を観測した日数は、1991年以降、増えていて、60年前からの30年と直近の30年とを比べると、約1・7倍に増えていました。

また、1時間の降水量が50ミリ以上の、短時間で強い雨が発生する頻度は、1976年以降、増えている傾向にあります。その最初の10年と直近の10年を比べると、約1・4倍に増えています。

こうした豪雨から人間を守る新たな「盾」を開発し、話題を呼んでいる研究者がいます。


この話のメインは「豪雨から人間を守る盾を開発した研究者」ですが、「豪雨の頻度が高くなっている」という前置きが9行にもわたっています。ムダとまでは言わなくても、

「ちょっと長いな……」と感じる人は多いのではないでしょうか。それよりは、メインの話に早くいきたいところです。そこで、最初の9行をコンパクトにしてみましょう。

近年、頻度が上がっている集中豪雨。それから人間を守る新たな「盾」を開発し、話題を呼んでいる研究者がいます。

変更後の「つかみ」のほうがスッキリして、読む気がするのではないでしょうか。

このような「長すぎる前置き」のほかにも、「本題に関係のない話」や「削除しても意味の通る冗長な文や言葉」などによって、「つかみ」の意味がわかりにくくなったり、読みにくくなったりすることがあります。すると、読み手はその先の文章を読まずに離れてしまうかもしれません。

作家の井上ひさし氏も、「下書きを書くと、だいたい前のほうは要らない」と述べています。「せっかく一度書いたのにもったいない」などと思うかもしれませんが、それで読んでもらえなくなるのは、もっともったいないことです。推敲をして、ムダだと感じる部分があったら、どんどん削ぎ落としていきましょう。

重複する言葉を減らす

「削除しても意味の通る冗長な文や言葉」もいくつか例示しましょう。これらを削ぎ落としていくと、文章が洗練されます。

Ｗｅｂの記事でよく見るのは、同じ単語を何度も使うことです。次の文章はそのような典型です。

> スマホノートは、スマートフォンと連携できる紙のノートです。スマホノートは、本来のノートのような軽さを実現しながら、紙のノートにはない機能を実現しています。スマホノートは1万円を切る価格のノートです。

たった3行のなかに、「スマホノート」「ノート」が繰り返されていて、ちょっとしつこい感じがしますよね。

Webの記事の場合は、検索エンジンで上位表示されるためのSEO対策をする目的で、同じ言葉を繰り返し使うのかもしれませんが、SEOを必要としないところでそのような書き方をすると、読みにくいと思われます。

次のように、主語を省略したり、重複する言葉を減らしたりすると、読みやすくなります。

スマホノートは、スマートフォンと連携できる紙のノートです。紙のノートのような軽さと機能を実現しています。1万円を切る価格です。

また、「たくさんの人が大勢つめかけている」「行動を行った」などのように、同じ意味の言葉が2つ以上使われているときは、これも削ぎ落としましょう。

「意味のない言葉」をカットする

「私は基本的に甘党です」という文章にある、「基本的に」はなくても意味が通じ、「私は甘党です」だけで十分です。ほかにも、ケースによってはなくても意味が通じる言葉として、「ある意味」「個人的に」などもあげられます。無意識に入れるクセがついていることもあるので、チェックしてください。

「動詞・補助動詞」をスッキリさせる

次のような、短くできる動詞・補助動詞を短くすると、文章が引き締まります。

ただし、音読して、文章のリズムがおかしくなるようであれば、そのままでもかまいません（この本のなかでもいくつか使っています）。

- してしまう↓する（例：失敗してしまう↓失敗する）
- していく↓する（例：進めていく↓進める）
- してみてください↓してください（例：試してみてください↓試してください）
- することができる↓できる（例：省略することができる↓省略できる）

「難しい言葉」は「わかりやすい言葉」に変える

読み手が読みたくなる「つかみ」にするには、専門用語やカタカナ言葉のような難しい言葉を、誰でも理解できるような「わかりやすい言葉」に変えることも重要です。

たとえば、次の文章をご覧ください。

> ローンチからわずか5年ながら、グローバルなコスメティックメーカーを次々とクライアントにしているスタートアップがBカンパニーです。AIを用いて、ハイパフォーマンスなウェブアドバタイジングをオートマティックに生成するマーケティングテクノロジーを持ち、「ローコストで確実にクライアントを獲得でき、ビジネスをスケールできる」と高い評価を得ています。

少々誇張した文章の例にしていますが、このようにカタカナ言葉だらけの文章はたまに見かけます。カタカナをまったく使わないのもそれはそれで読みにくくなりますが、ここまで多いと、さすがに読みにくくなります。
次のようにすると、読みやすく、わかりやすくなるでしょう。

事業開始からわずか5年で、グローバルな化粧品メーカーを次々とクライアントにしているスタートアップがBカンパニーです。AIを用いて、パフォーマンスの高いウェブ広告を自動的に生成するマーケティング技術を持ち、「低コストで確実に新規顧客を獲得でき、ビジネスを成長させることができる」と高い評価を得ています。

以上のことは些細なように見えるかもしれませんが、ちょっと文章を磨き上げるだけでも、より読みたくなる「つかみ」になります。誰でもできることなので、ぜひ実践してみてください。

5つのステップで「つかみにこだわりすぎて、締め切りに遅れる」症候群も改善できる

これは締め切りのあるライターならではの話かもしれませんが、5つのステップを踏むことで、私は思わぬ副産物を得られました。それは「『つかみ』にこだわりすぎて、締め切りに遅れる」症候群が改善できたことです。

「つかみ」が思いつかなくても、とにかくスタンダードなプロットを書いて、いったん最後まで文章を書いてみる。それを眺めることで、「つかみ」が思いつきやすくなったのです。「最低限のものはできている」という安心感か、何をすればよくなるのか、落ち着いて考えられるようになったようです。

5つのステップを踏むことで、以前よりも文章の質が上がったとも感じます。遠回りしているように見えて、スピードも質も上がるというわけです。

ここまで話してこなかった「オチ」の話

本書は「『つかみ』で興味を持ってもらえなければ、その先の文章を読み進めてもらえない」ということで、ここまで「つかみ」に絞って話をしてきました。

そのため、まったく言及してこなかったことがあります。それは「オチ」の話です。

「オチ」に関しても、どうやって書いていいのかわからない、という人はいるのではないかと思います。「文章の途中で伏線を張った末、最後に見事なオチがつく」という流れの文章を書ければいいですよね。

「オチ」だけで本が1冊つくれそうですが、1つ言えるのは、「オチ」に関してもまた、「つかみ」と同じステップが活用できることです。

「ステップ1」で目的をはっきりさせ、「ステップ2」で要素を出します。「ステップ3」のプロットをつくる段階で、構成を考えながら「つかみ」とともに「オチ」も考えていきます。すると、「つかみとオチを連動させよう」などとアイデアも浮かびやすくなるのです。

最後に、ここまで「つかみ」に関するテクニックやノウハウを中心にお伝えしてきましたが、それ以上に大切なことがあります。

「つかみ」でも「オチ」でも何よりも重要なのは、ステップ1の「メッセージ」の部分です。**「この文章を通して、読み手に何を伝えたいのか」**。それが「つかみ」でも「オチ」でも伝わるようなら、その文章の目的は達成しているのです。

反対に言えば、いくら技巧を凝らした「つかみ」や「オチ」でも、読み手に伝えたいことが伝わらなければ、よい「つかみ」や「オチ」とは言えません。

「つかみ」や「オチ」、そして文章全体を通して「読み手に何を伝えたいのか」をしっかり考えることで、あなたの文章は文章完読トーナメントを最後まで勝ち抜き、読み手を満足させることができるはずです。

おわりに

「『つかみ』の本ではあるけれど、どう書けば、『つかみ』だけでなく、文章全体で読み手の期待に応える大切さが伝わるかな……」

これは、この本の原稿を書きはじめてから、悩んだことです。

『『つかみ』に関する本を書いていただけないでしょうか」と20年来の付き合いである日本実業出版社の川上聡編集長に依頼されたのは、2021年の6月。最初に話を聞いたときは、「書き出しのテクニックを並べた実用書みたいな感じかなあ」と思っていました。

しかし書きはじめたら、「単なるテクニックだけの話ではなく、『つかみ』だけを考えるという話でもない。文章全体をどう書くか、の話だな」ということに気づいたのです。

それをどう表現するか……？　そこからああでもないこうでもない、と迷走する日々がはじまり、原稿の完成までに、2年近く費やしてしまいました。

本文では、読み手の興味を惹く「つかみ」を書くための基本的な準備やテクニックなどについて書きましたが、もう1つ大切なポイントがあります。

それは、**「楽しんで書くこと」**です。

しかめっ面をして書くよりも、リラックスして「こんなことを書いたら面白がってもらえるかな」と楽しみながら書くほうが、「つかめるつかみ」を生み出せるのは、自分の経験からも感じます。

ただ、スポーツでもルールややり方を知らないと楽しめないように、文章も型やパターンなどを知っていないと楽しんで書けないものです。

本書の「つかみを書く基本となるスキル」を使えば、さまざまなアイデアが思いつきやすくなり、「つかみ」はもちろん、文章を書くことが楽しくなるでしょう。

この本をきっかけに、文章を書くのが好きになった、なんて人が増えれば、これ以上の喜びはありません。

この本は、私が大学在学中から20年間お世話になった編集プロダクション・カデナクリエイトでの経験なくしては生み出せませんでした。

「書き出しがつまらなかったら、読まれないよ」と教えてくださった"師匠"である前・代表の竹内三保子さん、ライターとして駆け出しの頃から文章の添削をしまくってくださった先輩である現・代表の箱田髙樹さん、ありがとうございました。

また、「つかみ」の実例探しは、ふだんから一緒に仕事をしているライターの方々にも協力をお願いしました。おかげで、自分だけではとても見つけられなかったネタを見つけることができました。東ゆかさん、井上かほるさん、海老沢瑠衣さん、勝木友紀子さん、齋田多恵さん、塩野涼子さん、竹中唯さん、手塚裕之さん、米澤智子さん、ありがとうございました。

日本実業出版社の川上聡編集長には、今回の企画を持ちかけていただいただけでなく、なかなか筆が進まず、かつあっちこっちに迷走する私を導いていただきました。あらためて、ありがとうございました。

最後に、この本を書く時間を捻出するためにサポートしてくれた家族にもお礼を言いたいと思います。ありがとう。

2023年5月　杉山直隆

参考文献

『文章を書くこころ　思いを上手に伝えるために』外山滋比古／ＰＨＰ研究所
『20歳の自分に受けさせたい文章講義』古賀史健／講談社
『調べる技術・書く技術』野村進／講談社
『映画を早送りで観る人たち』稲田豊史／光文社
『人は話し方が9割』永松茂久／すばる舎
『人生がときめく片づけの魔法―改訂版―』近藤麻理恵／河出書房新社
『80歳の壁』和田秀樹／幻冬舎
『同志少女よ、敵を撃て』逢坂冬馬／早川書房
ｎｏｔｅ**「優しい人が好きだけど、人に優しくされるのがおそろしい」**岸田奈美
「元彼が好きだったバターチキンカレー」（『私の居場所が見つからない。』に収録）川代紗生／ダイヤモンド社
『吾輩は猫である』夏目漱石／新潮社
『走れメロス』太宰治／新潮社
『西の魔女が死んだ』梨木香歩／新潮社
『深夜特急』沢木耕太郎／新潮社
『サイゴンから来た妻と娘』近藤紘一／文藝春秋
『人新世の「資本論」』斎藤幸平／集英社
『応仁の乱』呉座勇一／中央公論新社
「冬の夜のタクシー」（『うたうおばけ』収録）くどうれいん／書肆侃侃房

『男女共同参画白書　平成28年版』内閣府男女共同参画局
『ワークマン式「しない経営」』土屋哲雄／ダイヤモンド社
『僕はミドリムシで世界を救うことに決めました。』出雲充／ダイヤモンド社
『婦人公論.JP』「得意ばかりを磨いていたら、夢中になるほどの好きがわからなくなってしまった」ジェーン・スー
『マイナビ農業』「飯塚芳幸が「日本一のブドウ名人」と呼ばれるようになるまで　畑の改良はいかに」少年B
『お金は「教養」で儲けなさい』加谷珪一／朝日新聞出版
『考えない練習』小池龍之介／小学館
『雪国』川端康成／新潮社
『八日目の蝉』角田光代／中央公論新社
ｎｏｔｅ「今週末の日曜日、ユニクロで白Ｔ買って泣く」しまだあや（島田彩）
『Number Web』「『高卒1年目でよくやってる』と言われるけど…19歳松川虎生が明かした〝周囲の声〟とのギャップ『悔しい1年だったとしか言えません』」千葉ロッテマリーンズ取材班
「三人のセンセイ」（『おいしいおにぎりが作れるならば。』収録）松浦弥太郎／集英社
『日経xwoman』「朝のイライラは、子の学力や思考にまで悪影響を及ぼす」須賀華子
「ありがとう西武大津店」（『成瀬は天下を取りにいく』収録）宮島未奈／新潮社
『文春オンライン』「『トライアウトに向かう中で『これ、厳しいな…』と…』〝セリーグ歴代4位の記録を作った男〟が養豚場勤務に乗り出すまで」石塚隆
『勝ち続ける会社をつくる起業の教科書』野坂英吾／日本実業出版社
『データサイエンティスト入門』野村総合研究所データサイエンスラボ／日本経済新聞出版
『日本経済新聞』「味の素、半導体の『隠し味』で成長　データ拠点で需要増」
『ハフポスト』「ドラクエからゼルダまで…市役所の公式サイトがファミコン風デザインになったワケ」高橋史弥

『**芸術起業論**』村上隆／幻冬舎
『日本経済新聞』「**豪雪、温暖化でむしろ増加　暖かい海水がエネルギー源**」矢野摂士
『**フランツ・リストはなぜ女たちを失神させたのか**』浦久俊彦／新潮社
『ねとらぼ生物部』「**愛猫と添い寝していたら、新入り子猫が『ぼくも！』と割り込んで……定員オーバーな〝ぎゅうぎゅう詰め〟がうらやましい**」土屋真理菜
『弁護士ドットコム』「**コンビニの日本人店員が『外国人の名札』を着けたら…客の態度に劇的変化**」
『マーケティア』「**月間300万PVを『2億』へ押し上げた編集メソッド｜東洋経済オンライン武政秀明氏**」まこりーぬ
note「**弟が大金を稼いだので、なにに使うかと思ったら**」岸田奈美
『**ゼロストレス転職**』佐野創太／PHP研究所
『東洋経済オンライン』「**コインランドリーが今、こんなにも熱い事情**」田野真由佳
『**99・9％は仮説**』竹内薫／光文社
『**上を向いてアルコール　「元アル中」コラムニストの告白**』小田嶋隆／ミシマ社
『東洋経済オンライン』「**『つなぎが多いそばはダメ』という大きな勘違い**」本橋隆司
『東洋経済オンライン』「**45歳以上『高学歴男性』が持っていない3つのモノ**」小島明子
『朝日新聞GLOBE＋』「**『資源ごみ』と言うと怒られる　マシンガンズ滝沢秀一が清掃員をやって得た気づき**」目黒隆行
『Yahoo!JAPANニュース』「**ネパール人経営のインド料理店『インネパ店』、なぜ急増？背景にある2つの歪曲**」田嶋章博
『Lightning』2022年12月号「**OWNER'S STORY Returns こうしてボクらはオーナーになった**」箱田髙樹／ヘリテージ
『**2060　未来創造の白地図**』川口伸明／技術評論社
note「**【ファッション履歴書】平成初期生まれのアラサーが私服の歴史を振り返ってみた**」重ねおり
『**ベスト珍書**』ハマザキカク／中央公論新社
『さくマガ』「**'89牧瀬里穂のJR東海クリスマスエクスプレスのCMが良すぎて書き殴ってしまった**」pato

『Lifehacker』**「無駄な会議をグンと有意義にする2つのポイント」**Inc.著、春野ユリ翻訳

「燃えよサイモン」（『ワイルドサイドをほっつき歩け』収録）ブレイディみかこ／筑摩書房

『嫌われる勇気』岸見一郎、古賀史健／ダイヤモンド社

「よねー予想」（『ベスト・エッセイ2021』収録）北大路公子／光村図書出版

「栞と山椒魚」（『ベスト・エッセイ2021』収録）佐藤雅彦／光村図書出版

「里親」（『十二人の手紙』収録）井上ひさし／中央公論新社

「ペンフレンド」（『十二人の手紙』収録）井上ひさし／中央公論新社

『現代アートビジネス』小山登美夫／アスキー・メディアワークス

『ジモコロ（イーアイデム）』**「まちのパン屋は外で稼ぐ？ 娘が両親に聞いた、意外なお財布事情」**きむらいり

「たっぷりの栄養を」（『ベスト・エッセイ2020』収録）俵万智／光村図書出版

『ぼくたちは習慣で、できている。』佐々木典士／ワニブックス

『PRESIDENT Online』**「「私はこうなると思ってた」職場の全員から総スカンを食らう〝言ってはいけないNGワード〟」**ひきたよしあき

「あだ名が苦手」（『深爪流　役に立ちそうで立たない少し役に立つ話』収録）深爪／KADOKAWA

「代本板とZoom」（『ベスト・エッセイ2021』収録）永田紅／光村図書出版

「雪はおいしい」（『うたうおばけ』収録）くどうれいん／書肆侃侃房

『文章読本』丸谷才一／中央公論新社

『自家製 文章読本』井上ひさし／新潮社

『新文章読本』川端康成／新潮社

『文章読本』吉行淳之介 選、日本ペンクラブ 編／中央公論新社

『文章読本』谷崎潤一郎／中央公論新社

『文章読本 新装版』三島由紀夫／中央公論新社
『職業としての小説家』村上春樹／新潮社
『新しい文章力の教室』唐木元／インプレス
『ゼロから始める文章教室』小川こころ／ナツメ社
『超ライティング大全』東香名子／プレジデント社
『文章力の基本』阿部紘久／日本実業出版社
『井上ひさしと141人の仲間たちの作文教室』井上ひさし著、文学の蔵 編／新潮社
『伝わる・揺さぶる！ 文章を書く』山田ズーニー／PHP研究所
『三行で撃つ』近藤康太郎／CCCメディアハウス
『取材・執筆・推敲』古賀史健／ダイヤモンド社
『ポチらせる文章術』大橋一慶／ぱる出版
『文芸オタクの私が教える バズる文章教室』三宅香帆／サンクチュアリ出版
『「文章術のベストセラー100冊」のポイントを1冊にまとめてみた。』藤吉豊、小川真理子／日経BP
『読みたいことを、書けばいい。』田中泰延／ダイヤモンド社
『書く習慣』いしかわゆき／クロスメディア・パブリッシング
『書くのがしんどい』竹村俊助／PHP研究所
『〈新版〉日本語の作文技術』本多勝一／朝日新聞出版
『誰よりも、うまく書く』ウィリアム・ジンサー著、染田屋茂 訳／慶應義塾大学出版会

杉山直隆（すぎやま　なおたか）
ライター／編集者。(株)オフィス解体新書・代表取締役。『30sta!』編集長。1975年東京都生まれ。専修大学法学部在学中から編集プロダクション・カデナクリエイトで雑誌や書籍、Web、ＰＲ誌、社内報などの編集・執筆を20年ほど手がける。2016年に独立（2019年法人化）。『週刊東洋経済』『東洋経済オンライン』（東洋経済新報社）、『月刊THE21』（PHP研究所）、『NewsPicks』（ニューズピックス）、『PIVOT』（PIVOT）、『Chanto Web』（主婦と生活社）などで執筆中。『うまい棒は、なぜうまいのか？』（日本実業出版社）ほか、50冊以上の書籍の執筆・編集協力もしている。2019年５月より30代からの学び直し・リスキリングを支援するWebメディア『30sta!』を運営。2018年から天狼院書店でライター講座の講師を務める。

Webサイト
officekaitai.xsrv.jp/

文章《ぶんしょう》は「つかみ」で９割決《わりき》まる

2023年６月１日　初版発行

著　者　杉山直隆 ©N.Sugiyama 2023
発行者　杉本淳一

発行所　株式会社 日本実業出版社　東京都新宿区市谷本村町３−29 〒162-0845

編集部　☎03-3268-5651
営業部　☎03-3268-5161　振　替　00170-1-25349
https://www.njg.co.jp/

印刷／壮 光 舎　　製 本／共 栄 社

ISBN 978-4-534-06016-7 Printed in JAPAN